SI LA GAUCHE
VEUT DES IDÉES

SÉGOLÈNE ROYAL
&
ALAIN TOURAINE

SI LA GAUCHE VEUT DES IDÉES

BERNARD GRASSET
PARIS

ISBN 978-2-246-74491-7

Alain Touraine

Pour rétablir le contact – Les politiques sont accusés d'avoir perdu le contact avec la réalité sociale. On leur reproche de ne plus comprendre le monde réel et de rester attachés à des mots et à des explications qui sont depuis longtemps périmés. On leur dit et ils disent eux-mêmes que nous avons besoin d'un renouvellement ou même d'une refondation de l'action politique. Mais ces mots restent suspendus en l'air et peuvent se plier facilement à toutes les interprétations. Ces reproches sont en grande partie injustes, mais il est vrai que nous sentons tous le besoin d'appuyer notre action sur une connaissance renouvelée du monde où nous vivons et de notre expérience personnelle.

J'en conclus que c'est à ceux qui analysent la vie sociale de prendre les devants, de proposer aux politiques, à tous les décideurs et à tous ceux qui influencent l'opinion publique, ce qu'ils considèrent comme les enjeux les plus importants de la vie publique. Je prends donc l'initiative de choisir quelques thèmes importants sur lesquels les sciences sociales ont des résultats et des idées qu'elles peuvent présenter aux politiques sans retirer à ceux-ci la responsabilité de leurs choix.

Mais il ne s'agit pas pour un sociologue de donner des leçons, encore moins des conseils. En s'adressant aux politiques et aussi à ceux qui les conseillent, il porte en même temps un regard sur la pensée sociale qui nous semble très décalée, elle aussi, par rapport à ce que nous observons. J'espère même que les politiques nous aideront à identifier nos faiblesses et nous demanderont de faire le même travail de mise à jour que nous leur demandons de faire.

Un dialogue collectif entre des sociologues et des politiques est impossible, tant sont variées les idées et les orientations des deux côtés.

J'ai donc choisi d'adresser mon texte à une seule personnalité politique, à Ségolène Royal, parce que sa campagne présidentielle a suscité un intérêt passionné et surtout a fait entendre un langage nouveau qui cherchait à comprendre la réalité plutôt qu'à répéter les discours traditionnels. De plus, elle n'était pas alors engagée dans une campagne pour les élections municipales.

Je ne m'adresse pas à elle en raison d'une préférence personnelle, mais parce qu'elle est apparue à des millions d'électeurs comme la figure de l'innovation, de l'ouverture et de la volonté d'agir. Je la remercie d'avoir accepté ce qui n'est ni un dialogue, ni la juxtaposition de deux textes, mais des réflexions menées de points de vue différents sur les mêmes problèmes : comment établir la communication entre l'analyse et l'action, dans un respect complet de la liberté de la pensée et de la nature propre de l'action politique, qui doit prendre en compte aussi bien le présent que la longue durée, aussi bien la stratégie que la réflexion.

Je tiens à préciser aussi que le texte qu'on va lire ne veut intervenir dans aucun débat politique, dans aucune campagne. Il reste à l'écoute des réponses qui pourraient lui être adressées de n'importe quel bord du monde politique.

Pour que cet échange soit fécond j'ai souhaité que nous jouions cartes sur table. Je présente d'emblée ce que je crois être les transformations majeures de la vie sociale et de la pensée sociale. Ségolène Royal a agi de la même manière, avec décision. C'est pourquoi ce texte est introduit par une brève déclaration de chacun de nous deux, avant d'aborder un certain nombre de thèmes qui sont au cœur de la société et de la politique françaises et qui se rencontrent, aussi dans bien d'autres parties du monde, puisque les frontières n'arrêtent ni les changements techniques et économiques, ni les idées, ni les conflits.

Le nouvel individualisme – Je ne présente pas ici une série de thèmes comme un programme qui prendrait parti pour une politique fiscale, une réforme de l'enseignement, la construction européenne ou la réforme des retraites. Les analyses et les propositions qui vont être l'objet de nos rencontres sont liées ensemble par une idée centrale. Chaque époque mène un combat principal : la construction de la citoyenneté a mis en mouvement les forces politiques qui ont renversé les monarchies absolues ; ensuite la défense des travailleurs dans leurs luttes a donné de nouvelles orientations à une gauche devenue plus sociale que politique. Dans le monde d'aujourd'hui, qui nous entraîne dans des tourbillons qui semblent incontrôlables et dans des violences de tous ordres qui détruisent notre capacité d'agir, on ne peut plus séparer la défense de la justice sociale et des libertés de la reconnaissance de *l'individu* comme porteur de *droits humains fondamentaux.*

Nous vivons dans un monde de plus en plus ouvert. Nous voyons partout la destruction de la vie, la mort par la violence, la faim ou la maladie, la destruction de l'identité des sans-papiers, des boat people, des misérables, la haine et le mépris des femmes dépendantes, battues, mises à mort, les violences contre les enfants ; mais aussi l'interdiction de pratiquer sa langue et sa religion, d'être réuni à ceux de sa famille ou d'être rejeté comme membre d'une minorité par une majorité de plus en plus craintive et hostile. Mais nous voyons aussi parmi les utilisateurs d'Internet beaucoup de jeunes

et de moins jeunes partir à la découverte personnelle d'œuvres originales, musicales, littéraires ou
plastiques. Au-dessus de toutes les souffrances, de
toutes les formes de vol, de corruption, de spéculation, nous voyons partout le désir de *vivre*, de
protester, et de défendre la liberté pour soi et pour
les *autres*.

Tous les thèmes, économiques, politiques et
culturels se rejoignent autour de la revendication
« globale » qui les intègre tous : faire de chaque
individu *un être de droits*, en reconnaissant à tous
la valeur universelle de leur vie personnelle, définie
non pas de manière abstraite mais par une situation
sociale et des appartenances culturelles. Trop de
grandes idées ont voulu mobiliser toute une population pour créer une société nouvelle qui libérerait
l'individu ; il faut plutôt aujourd'hui mettre les
changements sociaux au service de la dignité et de
la liberté des individus.

Cet *individualisme* est l'héritier direct de la Déclaration des droits de l'homme et du citoyen qui
avait été oubliée dans la chaleur des luttes proprement sociales. Nous ne croyons plus aujourd'hui à
la « bonne société » pas plus qu'à la fin de l'histoire, parce que nous vivons dans des sociétés qui
se construisent, se transforment et se détruisent
constamment. Nous voulons avant tout que soit
respectée la dignité humaine de chaque homme et
de chaque femme. Ce texte montrera, je l'espère,
combien chacun des thèmes présentés ici, qu'il soit

plus près de la connaissance ou plus près de l'action, est directement lié à cet objectif principal, qui donne à l'action du politique autant qu'à l'analyse du sociologue sa raison d'être et sa force.

L'analyse et le programme – Cette idée de départ n'a rien à voir avec les discours moralisateurs qui détournent de la vie publique. Il ne s'agit pas de défendre l'individu, réduit à ses intérêts privés mais il ne s'agit pas non plus d'agir au nom d'une catégorie, définie par une classe, une nation, un âge ou une croyance religieuse.

L'individu qui s'est développé dans le monde moderne se définit par la conscience que chaque individu porte en lui des orientations et des droits universels, c'est-à-dire communs à tous les êtres humains. L'idée d'égalité comme celle de liberté sont fondées sur ces droits universels et la fraternité, que nous nommons plus souvent solidarité, est la reconnaissance effective des droits de l'autre. Sans cette reconnaissance des droits de l'autre, je ne peux pas m'affirmer moi-même comme être de droits, c'est-à-dire comme sujet.

Ce n'est pas une remarque limitée ; elle combat tous ceux, innombrables, qui ont réservé les droits à une classe, à une nation, aux croyants d'une religion ou d'un parti. Parler à nouveau des droits de l'homme, c'est refuser de rompre tous les liens avec n'importe quelle catégorie d'êtres humains, qu'il s'agisse d'une « race » jugée inférieure ou d'ennemis qu'on veut anéantir. Il ne s'agit nullement d'adopter une morale molle qui n'ose condamner personne ; il ne faut pas tolérer l'intolérable, mais il ne faut pas revendiquer pour nous le privilège d'être les seuls porteurs du bien et de la beauté.

Nous devons rejeter les politiques du tout ou rien ; mais nous devons aussi échapper aux débats qui cherchent à éviter des positions faibles et donc à nous libérer de notre devoir de lutter pour la liberté des autres et de nous-mêmes.

La vie politique est nécessairement occupée par des choix concrets et limités : par exemple faut-il conserver le lundi de Pentecôte comme jour férié ? Mais cette politique concrète peut poser aussi des questions beaucoup plus importantes : faut-il conserver le collège unique ? Accorder aux immigrés de pays extérieurs à l'Union européenne le droit de voter à certaines élections ? Allonger la durée du travail qui donne droit au niveau de retraite le plus élevé ? L'État doit-il prendre parti sur les événements historiques et imposer à son interprétation force de loi ?

Rien n'est plus dangereux que de caricaturer la fonction des élus ou des ministres. Mais nous avons besoin de sentir que des choix fondamentaux sont presque constamment en cause et qu'il est bon qu'aient lieu des débats et des affrontements qui mettent en cause les choix que nous estimons les plus importants.

Je souhaite que notre échange d'idées ne se perde pas dans des détails et ne s'éloigne pas non plus des problèmes les plus proches de nous et qui nous imposent les choix les plus décisifs pour nous-mêmes.

Je n'ai pas souhaité engager un dialogue, encore moins un débat. Si tel avait été mon but j'aurais cherché un interlocuteur dont les idées sont opposées aux miennes, ce qui n'aurait pas été difficile à trouver. Je me suis écarté plus vite encore des réflexions communes d'un observateur et d'un acteur de la vie publique, expression heureusement vide, car les politiques pensent aussi et les analystes font des choix et participent à des actions.

La formule que j'ai retenue et que j'ai soumise à Ségolène Royal, qui a bien voulu l'accepter, est que le sociologue présente son analyse de quelques-uns des problèmes les plus importants de notre temps et demande à un personnage politique de dire les conclusions politiques qu'il faut, à son avis, tirer de ses analyses. On peut aussi renverser leur relation en mettant en cause, pour des raisons politiques importantes, certaines des analyses du sociologue. Chacun se tient à sa place, respecte le discours de l'autre, mais peut aussi le soumettre à la critique.

On a souvent accusé la vie politique française de crouler sous le poids des idées et des idéologies. Une telle accusation n'est pas d'actualité. Le débat

public est à peine audible et les journalistes s'intéressent plus aux mouvements de l'opinion publique
qu'aux changements dans le monde des idées.

Les intellectuels ont presque disparu de la scène
politique, probablement parce qu'ils étaient restés
en grand nombre attachés à des idées devenues
fausses ou inacceptables.

Les politiques à leur tour, je l'espère, vont reprendre la parole et aller au-delà des réponses
prudentes et confuses qu'ils doivent donner le plus
souvent à ceux qui les interrogent.

Rarement une époque politique a été plus grise,
plus ennuyeuse et plus vide que la nôtre. Nous
avons voulu, l'un et l'autre, prendre la parole et
inviter beaucoup d'autres à en faire autant.

Ségolène Royal

Le contact : surtout ne jamais le perdre –
J'apprécie profondément l'idée, la démarche généreuse et l'originalité de votre proposition, Alain
Touraine. Vraiment, je suis touchée par la façon
dont vous me décrivez en disant : « elle est apparue
à des millions d'électeurs comme la figure de l'innovation, de l'ouverture et de la volonté d'agir ». Je
voudrais vous dire avec quelle énergie j'ai voulu,
en effet, faire bouger les lignes pendant cette période politique très intense. Ces réflexions croisées
sur les mêmes sujets sont précieuses car elles
interviennent à un moment où les Français se
demandent, parfois désespérément, si la politique
sert encore à quelque chose.

C'est pourquoi, comme vous le dites, Alain Touraine, la connaissance renouvelée du monde est si
cruciale, ainsi que l'expérience personnelle, pour
appuyer l'action. J'y ajouterai, si vous le permettez,
les Français. Ces milliers et ces milliers de regards,

17

de pensées, de corps, de mouvements, de paroles mais aussi ces contacts plus discrets, ces plaintes presque murmurées, les remerciements timides, qui font que j'aime tant la politique. Je sillonne la France depuis vingt-cinq ans de vie politique – conseillère auprès de François Mitterrand, parlementaire pendant vingt ans, ministre pendant six ans, présidente de Région, et bien sûr faisant campagne pour la présidentielle, mais aussi, pendant ces années les campagnes pour les autres. Avec toujours mon fil à plomb : la morale de l'action et le plaisir du contact populaire. Mieux comprendre pour mieux décider.

Tout cela pour dire que pour la première fois, en vingt-cinq années de vie politique, j'ai rencontré, là, en 2008, lors de la campagne des municipales où j'ai soutenu de nombreux candidats, quelque chose d'inquiétant et de différent : partout cette impression que l'avenir nous file entre les doigts, partout la blessure de sentir que nous ne sommes plus maîtres de notre destinée.

« M'dame, je n'ai pas peur de l'avenir, j'ai peur de ne plus en avoir. »

La phrase claque et laisse ceux qui l'entendent comme en suspens. Car tout est dit dans cet appel que m'a lancé un jeune d'une vingtaine d'années. Je crois aujourd'hui la crise bien plus profonde qu'on ne veut bien le dire. Les gens le sentent. Et la politique reste terriblement conformiste. Alors que le monde qui vient devrait être empoigné et modelé de toutes nos forces en un monde vraiment meilleur.

Souvenons-nous du « monde d'hier » de Stefan Zweig où l'auteur décrit l'incroyable confort matériel, moral et intellectuel des milieux littéraires, politiques et artistiques européens à la veille de la seconde Guerre mondiale qui allait déchirer l'Europe. La raison de mon engagement politique est là : est-il possible que nous soyons aussi aveugles que nos aînés face aux signaux que l'on reçoit du monde ? Crise alimentaire, pandémies, choc climatique, OGM, pollutions marine ou terrestre, déplacements de populations...

Et pourtant nos comportements prédateurs changent si peu, notre indifférence au gouffre entre quelques pays riches et le reste du monde nous reviendra en boomerang, nos certitudes d'Occidentaux alors que le monde devient multipolaire nous aveuglent.

Faire avec vous, Alain Touraine, un bout de chemin de la connaissance est à la fois passionnant et rigoureux parce que vous portez cette exigence qui empêche les facilités du commentaire politique habituel. Mais à quoi bon réfléchir, si c'est pour ne prendre aucun risque ! C'est pour avoir manqué d'attention sur l'évolution de la société que la gauche n'a pas su remettre en cause certains de ses dogmes.

Ce livre n'est pas polémique et, vous le dites, c'est un livre ouvert, ouvert à toutes les réflexions, ouverts à tous les prolongements.

Vous êtes le sociologue qui a inspiré à toute une génération une vision plus dynamique du rôle des acteurs sociaux et individuels. Une génération de chercheurs, mais aussi une génération de militants. Vous avez conçu un lien entre votre travail de sociologue et votre participation au débat public, entre vos enquêtes de terrain et votre engagement citoyen. Vous avez été au cœur des débats entre la première et la deuxième gauche. Je ressens aujourd'hui la nécessité de dépasser ces clivages. Mais, au-delà de tout, vous êtes pour moi le sociologue de la société perçue comme sujet vivant.

C'est pour toutes ces raisons que j'ai répondu à votre amicale sollicitation.

Mais commençons par l'individu puisque vous choisissez dès l'ouverture de poser la question de la place de l'individu, cette donnée fondamentale et ambivalente d'aujourd'hui. L'émergence de l'individu, le recul des communautés pour permettre l'autonomie des personnes, c'est toute l'histoire de nos sociétés modernes.

J'aime bien d'ailleurs la façon dont vous décrivez parfois avec des mots simples le nouvel individualisme : « de vivre, de protester, et de défendre la liberté pour soi et les autres ». Les sociétés traditionnelles soumettaient les individus à la communauté, à Dieu, au monarque, au chef de famille. La société industrielle intégrait l'individu à la classe sociale ou à la nation ? La révolution des années 60 et 70, que les sociologues appellent la « deuxième modernité », a rompu avec la logique de la société traditionnelle comme avec celle de la révolution industrielle. Les Lumières et le droit contemporain avaient préparé le terrain. C'est une longue histoire qui poursuit son chemin. Nous avons gagné le droit à l'épanouissement individuel – c'est heureux, mais nous avons aussi désormais le devoir de nous inventer chaque jour – c'est difficile. Dans ce mouvement qui a porté la victoire de l'idée individuelle et démocratique s'est aussi développé ce que Marcel Gauchet appelle « la démocratie contre elle-même », c'est-à-dire la difficulté à se gouverner collectivement, à avoir prise sur le destin collectif.

Le nouvel individualisme doit aider à l'invention de soi contre le repli sur soi – Ce sont les personnes elles-mêmes qui doivent maintenant donner sens à la leur propre vie. Ce n'est plus seulement la société, la classe sociale, la religion, les

21

institutions ou la nation qui structurent la vie d'un individu. Celui-ci n'a plus un rôle social unique, défini par une entreprise ou une institution tout au long de sa vie; il doit, de façon de plus en plus fréquente, changer de rôle. Dans sa vie profession-nelle et dans sa vie personnelle. Le philosophe alle-mand Peter Sloterdijk évoque ainsi le passage d'une société des appartenances à une société des options.

Cette « invention de soi » [1] est certes une liberté, mais une liberté lourde à porter qui peut conduire à une certaine fatigue, à un repli sur soi et au chacun pour soi. Enfin cette liberté de s'inventer, de se construire, n'est absolument pas la même pour tous dans la société : elle est distribuée de façon profon-dément inégale, selon le milieu social d'origine, le niveau d'éducation, la nature et le nombre des relations sociales, le handicap, le genre ou la cou-leur de peau.

La fatigue d'être soi peut aboutir à la nostalgie d'un ordre social traditionnel et génère ainsi une nouvelle demande de normes sociales, que l'on ne peut ni ignorer, ni mépriser. Plus on est libre de faire ce que l'on veut, plus les repères sont indis-pensables. C'est pourquoi je tiens l'ordre juste qui se conjugue avec le désir d'avenir de chacun et avec le progrès pour tous, comme les trois piliers d'un projet cohérent. C'est le désordre social, éco-

---

1. Peter Sloterdijk, *Le palais de cristal : à l'intérieur du capita-lisme planétaire*, Maren Sell, 2006.

nomique et écologique qui est aujourd'hui oppressif ; les règles concernant les droits et les devoirs de chacun doivent être reposées.

La plus dure des inégalités dans notre société réside entre celles et ceux qui ont la possibilité de construire leur vie ou qui même malgré les difficultés ont encore la main sur leur destin et une certaine maîtrise de leur devenir, et ceux qui ont perdu la main – qui ne se sentent plus sujets de leur existence. Cela ne concerne pas que les « exclus », mais des pans entiers et grandissants des milieux populaires et des classes moyennes qui se croyaient à l'abri et qui maintenant se demandent quel sort on réserve à leurs enfants.

Le socialisme écrase-t-il l'individu ? Le mot est-il trop marqué par la confusion avec les régimes communistes de l'ancienne Europe de l'Est ? A nous de lui donner sa vraie valeur.

L'épanouissement de l'individu est au cœur et à l'origine de la pensée socialiste. Jean Jaurès l'affirmait avec force : « Pour les socialistes, la valeur de toute institution est relative à l'individu humain. C'est l'individu humain, affirmant sa volonté de se libérer, de vivre, de grandir, qui donne désormais vertu et vie aux institutions et aux idées. C'est l'individu humain qui est la mesure de toute chose, de la patrie, de la famille, de la propriété, de l'humanité, de Dieu. Voilà la logique de l'idée révolutionnaire. Voilà le socialisme. » Le projet que Jean Jaurès assigne au socialisme est donc d'œuvrer à la création de garanties collectives en faveur de la réussite et de l'épanouissement individuel de chacun. Le socialisme n'a jamais eu d'autre projet que de rendre autonomes les individus, de leur offrir à tous des chances égales de réaliser leurs aspirations. C'est son dévoiement qui a eu d'autres effets.

On est surpris en relisant ce texte de Jean Jaurès et on aurait le même étonnement en relisant le discours de Léon Blum en 1946, qui va très exactement dans le même sens. On est surpris parce que l'idée est tellement ancrée que la gauche, c'est le primat du collectif sur l'individuel, de l'égalitarisme sur la liberté que l'on en vient à oublier qu'il faut aussi savoir être ensemble pour que chacun puisse devenir unique.

A cela, il y a plusieurs raisons. Le dévoiement du socialisme qui promettait un « homme nouveau » a conduit au Goulag et à la pauvreté dans les pays du « communisme réel » ; cette tragédie pèse dans les esprits et la droite a longtemps exploité cet amalgame (les « socialo-communistes »). Mais il y a une autre raison à cette distance entre la gauche et l'individu, qui intéresse directement le socialisme démocratique dont nous sommes les continuateurs.

La pensée libérale porte en effet de longue date une conception d'un « individu autonome » dans laquelle la gauche ne se reconnaît pas. Le grand mythe de la droite libérale sur l'individu, c'est de penser qu'il se construit seul, qu'il peut réussir tout seul. Au bout de cette logique, il y a l'idée qu'il y a des gagnants et des perdants qui sont responsables de leur réussite et de leur échec. Cette conception de la réussite sociale conduit à les expliquer par « le mérite » et « l'effort » en oubliant ce que toute réussite personnelle doit aussi à l'environnement social et familial. D'où une politique conçue d'abord pour récompenser les gagnants – les chanceux et les bien nés. L'objectif est de justifier les inégalités. On en arrive ainsi à une société du mépris, de l'égoïsme et de la reproduction sociale, et qui sait, à une sorte d'eugénisme social. Car il s'agit aussi de protéger les castes de la promotion sociale de « ceux d'en bas ».

La conception libérale traditionnelle est une fiction : un individu, en effet, n'existe et ne se construit jamais seul. Un individu est d'abord un être social, il subit ou bénéficie des pesanteurs sociales et familiales. Chacun le sait : le capital culturel, le niveau de formation, et son capital social – ses relations, jouent un rôle central dans son destin.

L'individualisme de droite est donc fondé sur une erreur de perspective. De ce fait, il est aussi restrictif : l'épanouissement de l'individu est réduit à la poursuite de son intérêt personnel, dont la traduction ultime sera sa réussite matérielle et financière. La gauche n'est pas égalitariste, mais elle ne peut se satisfaire d'une telle définition de la finalité de l'homme et de la société. Une société qui érige le matérialisme en critère principal, voire unique, de la réussite et de l'épanouissement court à sa perte. C'est une machine à frustrations, source d'un malaise individuel et social grave.

La méfiance et l'hostilité de la gauche à l'égard de la notion d'individu viennent de là, d'où une confusion entre individualisme et égoïsme. Dans une économie de marché et une société d'hyper-consommation qui encouragent et entretiennent la compétition et le besoin d'argent, cette fiction est malheureusement parfois efficace : elle trouve des points d'appui dans les aspirations de chacun. La gauche ne doit surtout pas nier le mérite et l'effort, elle doit même les soutenir et les reconnaître, mais elle se bat pour rappeler que les garanties collectives, la sécurité sociale et personnelle, conditionnent pour certains l'initiative individuelle. Bâtissons toutes les fondations de la réussite de chacun.

Les analyses de l'élection présidentielle ont souligné que, lors de la campagne, la droite avait fait écho aux aspirations individuelles des Français, dans une partie des classes moyennes ou des milieux populaires : gagner plus et devenir propriétaire. « Gagner plus, devenir propriétaire » sont des aspirations légitimes. Aujourd'hui, ceux qui ont cru à ces promesses déchantent cruellement car aucun de ces deux objectifs n'a reçu le commencement d'une réalisation.

Cet échec de la droite ne nous dispense pas d'une réflexion approfondie sur la façon dont la gauche peut et doit répondre aux aspirations individuelles qui caractérisent aujourd'hui notre société. En reconnaissant et en valorisant les formes les plus variées des compétences, en permettant ainsi une plus juste reconnaissance des talents et une mobilité sociale plus forte.

1.
SOCIÉTÉ

LA FIN DE LA VISION ÉCONOMIQUE DE LA SOCIÉTÉ

Alain Touraine

Le déclin de l'économisme – Pendant la seconde moitié du XXe siècle c'est l'économie qui a dominé la société et la plupart des analystes comme des acteurs ont cherché dans la vie *économique* l'explication de ce qui s'observait dans la vie sociale. Quand on parlait de développement et de croissance, de lutte de classes et de syndicats, d'investissement et de profit, de globalisation de l'économie ou de crise sectorielle ou régionale, c'était toujours de production et de consommation qu'il était d'abord question et c'est dans l'évolution et la structure du capitalisme industriel qu'on cherchait l'explication des conduites collectives et même personnelles. La différence avec la période antérieure était très visible. Surtout avant 1914 les

31

thèmes *nationaux* avaient autant ou plus d'importance que les thèmes économiques. Ce qui souleva le plus de débats dans la France du XIXe siècle ce fut l'affaire Dreyfus et aussi la guerre des deux écoles, plutôt que l'affrontement de la France et de l'Allemagne ou le progrès de la société industrielle et la montée des luttes ouvrières. Certains ont voulu tout ramener à l'image évolutionniste des progrès de la production et de la productivité, comme si tous les pays et toutes les régions devaient passer par les mêmes étapes, être d'abord sous-développés, puis en voie de développement et enfin développés et dans cette dernière catégorie s'approcher le plus possible du modèle libéral capitaliste. Plus élaborées furent les études qui voyaient dans la vie sociale la projection d'un système de *domination* qui mettait toutes les fonctions de la société au service soit d'une élite dirigeante, soit de la logique du système capitaliste lui-même. Mais dans les deux cas on montrait que la logique d'un système ne laisse aucune place aux initiatives des acteurs.

Technologie, écologie, humanitarisme, nouveaux facteurs de décision – Cette époque appartient déjà au passé. Ce qui nous a fait sortir de ce cadre général de la société industrielle c'est moins les travaux de sociologues, qui avaient depuis longtemps parlé de société post-industrielle et de

32

société de communication ou de connaissance, que les changements dans la situation économique réelle, qui ont provoqué un bouleversement de nos représentations. D'abord le thème de la *technologie*, assurément associé à l'ensemble des études de la vie économique, prend une autonomie croissante, puisque ces technologies ne s'appliquent pas seulement aux activités productives, mais aussi bien à la vie privée, à la culture de masse, aux jeux ou encore aux entreprises militaires. On parle de frontière du numérique et il est devenu courant de considérer l'innovation et la recherche comme des facteurs décisifs de la compétitivité. Or, parler de technologie et de recherche c'est élargir l'analyse au-delà du monde économique, jusqu'à l'ensemble du fonctionnement de la société et en particulier de l'État.

Plus importante encore est la critique faite à l'industrialisme par *l'écologie* politique. En soulignant les menaces que le système actuel de production fait peser sur la planète, donc sur nos descendants immédiats, les mouvements de défense de l'environnement ont lancé l'idée de catastrophes qui peuvent être produites par une élévation de la température entraînant un déplacement des zones climatiques et peut-être la disparition sous les eaux de zones fortement peuplées. Tous ces thèmes qui conduisent au principe de précaution imposent le dépassement d'une approche proprement économiste. Nous ne concevons plus une politique dont

33

l'objectif central et presque unique serait une croissance économique assortie d'une élévation du niveau de vie. Nous sommes devenus plus sensibles aux risques de catastrophes que nous courons ou plutôt que nous nous faisons courir à nous-mêmes.

Un autre dépassement d'une vision économique de la vie sociale a été déclenché par les mouvements *humanitaires*. Naguère encore parler de pauvreté et de misère c'était parler de chômage, de bas salaires, d'exploitation des travailleurs. Aujourd'hui ces faits, dont nul ne pense qu'ils ont disparu, semblent débordés de tous côtés par la masse et la diversité des formes de misère, de violence, de guerres, de maladies qui risquent de faire disparaître une population. Cela ne signifie pas que nous soyons passés de l'optimisme au pessimisme mais, ce qui est bien différent, que nous sommes passés d'une vision avant tout économique de la vie sociale à une vision plus globale et plus diversifiée à la fois, qui prend en compte aussi bien les politiques des États que l'avenir de la planète ou l'accroissement des inégalités entre les pays. En allant plus loin encore on constate que le mal le plus grand, celui qui peut nous frapper le plus dramatiquement n'est plus une crise générale du capitalisme, comme en 1929, mais plutôt l'émergence de régimes autoritaires et répressifs, souvent guerriers et qui menacent des continents entiers.

Presque personne ne songe à dire que les problèmes de la production et de la distribution sont devenus secondaires et que nous sommes entrés dans une civilisation des loisirs, qui enlèverait beaucoup de leur importance aux problèmes du travail. De tels propos apparaissent vite comme superficiels ou même dangereux. Mais nous avons opéré un grand renversement, dans nos idées comme dans nos pratiques. Beaucoup de nous ont pensé pendant longtemps que les forces économiques déterminent les réalités sociales ; de plus en plus souvent nous pensons le contraire, à savoir que c'est *l'état de la société qui détermine l'état de l'économie.* De là, l'importance mise sur les processus de décision, sur la perception de l'avenir, sur la nécessité de prévision à long terme. L'économie ne représente plus « l'infrastructure » d'une société ; elle est évidemment une partie importante de la vie sociale mais tous les aspects de celle-ci ont des effets sur elle.

Réponse à une critique attendue – J'entends déjà la critique : les idées ont leur importance mais c'est en premier lieu d'un emploi et d'un revenu, d'un travail et d'un salaire que nous avons tous besoin. Quand s'élève la courbe du chômage ou quand le revenu réel baisse ou stagne, le mécontentement, la méfiance et les revendications s'installent et rendent sourds à toutes les idéologies. On ne peut pas répondre à cette constatation d'évidence en évoquant l'héroïsme des révolutions et des mouvements de libération.

Mais, une fois reconnu ce jugement réaliste, il faut ajouter que le mécontentement ne mène pas par lui seul à l'action collective. Il peut se dissoudre dans la xénophobie, le racisme ou dans des visions irrationnelles qui peuvent aller jusqu'à la recherche de boucs émissaires. Une mobilisation suppose la conscience des droits et des atteintes qui leur sont portées. Sans l'appel à un principe universel qui apparaît menacé et qu'on veut défendre, il est difficile de prendre de grands risques. L'action collective reste faible, insuffisante si elle n'est pas portée au-delà d'elle-même. Un mouvement social requiert un appel plus direct à une conception des droits que l'action politique qui peut se contenter d'objectifs plus immédiats.

Autant la vie publique met en avant des objectifs économiques, définis en termes de besoins, autant les protestations et mécontentements ne peuvent devenir politiques qu'en se redéfinissant en termes de justice sociale. Un mouvement social ne se forme qu'en s'engageant directement pour des idées comme les droits de l'homme, l'exploitation de certaines classes ou la défense de la nation. Il est plus évident encore que les revendications économiques et les protestations ou les espoirs vont à l'échec s'ils ne reconnaissent pas dès le départ la complémentarité des objectifs immédiats et des principes les plus généraux. L'action sociale peut s'épuiser dans des combats trop limités et inversement la déclaration de grands principes, quand elle ne conduit pas à une action concrète, peut dissoudre l'action dans des volutes de fumée.

L'affirmation de soi comme être de droits – Pourquoi ce renversement, alors que les transformations économiques sont plus rapides que jamais et ont des conséquences qui affectent de plus en plus l'ensemble du monde? La meilleure explication n'est pas d'ordre économique; elle est fondée sur une transformation du genre de vie de nos contemporains. Dans la société industrielle l'individu, homme ou femme, était avant tout menacé par ses conditions de travail et d'emploi. Sa vie personnelle, ses loisirs, ses comportements étaient peu affectés par l'industrialisation. Or, voici que tout d'un coup, depuis moins d'un demi-siècle en Europe, la société de masse déborde de loin la production de masse. Nous sommes séduits ou manipulés par la consommation de masse, la culture populaire de masse, tout ce qu'on appelle les médias et la trame de plus en plus serrée des réseaux (*networks*) qui transmettent en temps réel des informations financières et de bien d'autres types. Le symbole de cette nouvelle civilisation est Internet dont les effets sont déjà beaucoup plus importants que ceux de la télévision. Internet constitue la

forme extrême de ce qu'il y a un demi-siècle déjà
Georges Friedmann appelait le *milieu technique,* en
l'opposant au « milieu naturel », en voie de disparition. Or, si nous sommes confrontés à un monde
de techniques, d'images, de paroles de toutes sortes
qui ont été inventées pour exercer des effets sur
nous, nous ne pouvons plus chercher notre identité
et la défendre uniquement en tant que citoyens ou
travailleurs. Nous ne pouvons plus nous définir par
notre appartenance à une classe, une nation, une
famille ou à un autre type de communauté.
L'objectif de nos actions et de nos réactions ne peut
être que la défense de nous-mêmes, non pas comme
êtres empiriques, puisque ces êtres-là sont fraction-
nés, découpés, manipulés par tous les appareils
techniques, mais de nous-mêmes comme conscience de nous-mêmes et, ce qui est l'essentiel,
comme porteurs du droit d'être nous-mêmes. Tel
est le renversement dont tout provient. Tant que
nous n'étions envahis que par des appareils qui
n'affectaient qu'une partie de notre comportement,
même lorsqu'il s'agissait d'une relation de dépendance aussi complète que le travail à cadence
imposée, nous pouvions chercher hors de nous-
même un refuge, une prière, une protection, une
création. Aujourd'hui il n'y a plus d'au-delà,
d'ailleurs, d'autrement. Nul ne pense qu'en changeant une Constitution ou un type de propriété on
fera naître « un homme nouveau » et cette expression elle-même a pris des connotations très négati-

ves. Désormais nous, comme sujets, n'avons pas d'autre fondement que nous-mêmes : nous revendiquons le droit d'être nous-mêmes, nous avons la volonté d'être reconnus comme êtres de droits et avant tout du droit d'être nous-mêmes. Et ce cercle n'est pas vicieux. Cela ne signifie nullement que les problèmes économiques n'aient plus d'importance. L'ouverture des échanges économiques au monde entier a accru les risques de concurrence, de déplacement des capitaux et des postes de travail. Personne n'est porté à sous-estimer le rôle de l'activité économique qui décide de la vie ou de la mort d'un individu ou d'une nation. Mais ce qui nous importe ici est que le centre de la vie sociale, aussi bien des espoirs que des conflits, se déplace de l'ordre de l'économie, et avant lui de l'ordre du politique, vers l'ordre de l'individu et de la *conscience de soi.* Ce n'est plus dans le champ économique que se situent les grands conflits et les choix principaux. Conclusion négative difficile à admettre, d'autant qu'en ce début de réflexion nous ne savons pas encore ce qui peut remplacer l'économie comme l'élément central de la vie sociale. Contentons-nous pour l'instant, alors que depuis longtemps déjà les grands rêves historiques, révolutionnaires ou totalitaires, sont rejetés de tous côtés, de rejeter aussi l'idéologie libérale qui, au-delà de ses campagnes contre des barrières et des règlements en effet souvent gênants, a voulu nous convaincre que le but de la politique était seulement de détruire ces

barrières et de laisser s'exercer librement la rationalité des marchés. Après trente ans de domination
de cette idéologie libérale qui faisaient suite eux-
mêmes aux trente années dominées dans l'après-
guerre par l'économie administrée, il est urgent de
sortir intellectuellement et politiquement de ce qu'il
faut appeler *l'illusion libérale*, c'est-à-dire l'isole-
ment des systèmes économiques comme moteurs
premiers et déterminants de tous les aspects de la
société. Nous vivons déjà et nous vivrons chaque
décennie davantage dans un monde où les situations économiques sont davantage les *effets* de
toutes les dimensions du fonctionnement de la vie
sociale que la cause des changements sociaux. Sous
les diverses formes qui viennent d'être mentionnées
c'est bien ce thème d'un grand renversement qui
s'impose au début de cette réflexion. Nous ne
sommes pas sortis de la société industrielle seulement pour entrer dans une société post-industrielle
qui ne serait que son prolongement, mais parce que
nous nous sommes enfin *recentrés sur nous-
mêmes* : le sens n'est plus dans les choses ; la
réussite n'est plus dans la conquête du monde. Le
sens ne peut se trouver que dans la maîtrise de soi,
la construction de soi, *l'affirmation de soi comme
être de droits*.

Seule cette conception forte de l'éthique et de la
démocratie peut lutter contre le mouvement, partout
observé, de la montée de religions politiques débar-
rassées de traditions qui ont été usées par les moder-

nisations et qui occupent le terrain du spirituel, évacué par un utilitarisme agnostique et par un présent sans passé, sans interrogations et sans réponses.

Près de nous l'Espagne et l'Italie se déchristianisent mais leurs évêques se font de plus en plus agressifs et se mobilisent pour défendre leur Eglise. C'est le souci principal du nouveau pape Benoît XVI qui remplace les visions du monde de Jean-Paul II par une stratégie centrée sur l'affirmation selon laquelle seule l'Eglise détient la vérité.

Dans toutes les grandes aires religieuses se développe avec une très grande force une religion politique qui s'impose à la religion populaire, partout affaiblie.

Il ne suffit pas d'opposer à ces mouvements une laïcité tolérante. Encore moins de faire revivre une morale laïque, progressiste et nationale qui n'intéresse plus que quelques scientifiques et le dernier carré des anticléricaux. Il faut étudier et rendre visible une éthique du sujet, de sa créativité et du respect des différences qui est aussi rationaliste mais qui veut sortir du thème trop négatif de la sécularisation.

Tous, analystes, politiques, enseignants et communicateurs doivent donner des fondements éthiques à notre démocratie qui se dessèche faute d'une orientation de l'action sociale qui ne peut plus être un appel à un dieu et à sa parole mais au respect des droits humains fondamentaux.

Le grand renversement de la pensée qui vient

d'être évoqué ne peut laisser indemne aucun aspect de la vie collective ou personnelle. Pour cette raison, c'est à ce thème que doit être consacrée la première de nos rencontres.

Est-il nécessaire d'écarter un contresens qui serait trop lourd pour être cru ? Les réalités économiques existent, de la spéculation à la misère, du chômage à l'arbitraire patronal, des crises sectorielles ou régionales à la conquête des entreprises par des fonds de pension ou des fonds d'État. Je n'ai aucunement le désir de masquer, de quelque manière que ce soit, la réalité économique, telle qu'elle est vécue. La masse énorme des salariés qui sont au SMIC, ou même au-dessous, et plus immense encore la masse de ceux qui gagnent moins de 1,3 SMIC ne sont nullement laissés en dehors de ces analyses. Comment serait-ce possible alors qu'il s'agit là, en fait, de presque la moitié de la population française ? Pas plus que l'enrichissement de plus en plus ostentatoire des *golden boys* ou l'enrichissement passif des détenteurs de biens immobiliers ou mobiliers dont la valeur a progressé beaucoup plus vite que les salaires. La majorité des salariés ont conscience de lutter pour maintenir leur niveau de vie et de perdre le plus souvent ce combat devant la montée des prix de la consommation et surtout des logements.

Et nul ne peut détourner les yeux des menaces qui pèsent sur les systèmes de protection sociale. Les jeunes, aujourd'hui pour la première fois, ont même acquis la conscience qu'ils vivront moins bien que leurs parents, en premier lieu parce que le paiement des intérêts de la dette publique diminue par avance la part disponible du PIB.

Ne créons pas de débats ou de contradictions là où ils n'ont aucune raison d'exister. Ce n'est pas oublier l'existence du chômage que de souligner qu'il touche encore plus violemment les jeunes issus de l'immigration et que la cause en est une discrimination qui va jusqu'au racisme et à une ségrégation qui crée des ghettos.

De la même manière ce n'est pas oublier l'importance de la croissance que de montrer qu'elle n'est pas une cause première mais le résultat du fonctionnement de toute la société, de la distribution des revenus et des conditions d'accès à l'éducation et à la santé, et qu'on ne peut plus définir la croissance en dehors de son contenu écologique autant qu'économique.

En résumé, je n'ai nullement cherché à diminuer l'importance des faits économiques mais seulement à rappeler qu'ils sont le plus souvent le résultat de tous les aspects du fonctionnement de la vie sociale.

DONNER À LA POLITIQUE ÉCONOMIQUE SA PUISSANCE SOCIALE ET ÉCOLOGIQUE

Ségolène Royal

Jamais la logique économique n'a été aussi puissante, tout l'enjeu c'est justement de lui trouver des contre-pouvoirs et de lui imposer des régulations.

Gandrange, le mardi 20 mai 2008.

« Depuis quatre ans, on a tiré en vain la sonnette d'alarme, on voyait bien que les investissements s'arrêtaient, qu'on laissait partir les employés expérimentés, personne n'a réagi. Mon père, mon grand-père étaient métallo, nous, on ne veut pas disparaître. »

Le délégué CFDT d'ArcelorMittal qui m'interpelle ainsi, entouré des ouvriers et techniciens à Gandrange, que je rencontre pour la seconde fois, a la voix lourde d'émotion.

45

La colère me serre aussi la gorge. Même plus à cause de la dérisoire promesse présidentielle. Non, mais parce que ni en Allemagne (là où l'entreprise doit être délocalisée) ni dans les pays du nord de l'Europe (en Suède, où je suis allée rencontrer les salariés d'Ericsson, les mutations industrielles lourdes se sont faites sans grèves et avec sécurité professionnelle garantie à tous), un tel mépris des salariés, un tel piétinement de l'expertise syndicale, un pouvoir d'alerte si faible, seraient inconcevables.

Donc il y a deux facettes d'un même constat. Face à la « fin de la vision économique de la société » que vous décrivez, Alain Touraine, l'exemple d'Arcelor-Mittal, comme beaucoup d'autres, montre au contraire que jamais la logique financière n'a été aussi cynique. C'est pourquoi je pense que le social et l'écologie peuvent sauver l'économie. Avec un nouveau rapport de forces à imposer.

C'est la mauvaise qualité des relations de travail qui constitue le frein le plus massif au dynamisme de l'économie française. L'économiste Thomas Philippon en a fait une remarquable démonstration dans *Le capitalisme d'héritiers* [1]. Il observe que, comparé à d'autres pays, c'est là que se situe notre handicap majeur. La défiance, la méfiance, la non-reconnaissance des savoir-faire, l'archaïsme du

---

1. *Le capitalisme d'héritiers. La crise française du travail*, Le Seuil, 2007.

management, le manque de transparence et donc l'incapacité à fédérer toutes les énergies pour anticiper, provoquent inefficacité économique, tensions et délocalisations sauvages.

Il faut créer des « cercles vertueux » au sens où la confiance crée de la valeur ajoutée. C'est par l'amélioration des relations de travail que l'on peut mettre l'économie au service de l'humain.

Le travail doit cesser d'être une servitude pour être un facteur d'épanouissement individuel (le salaire, les conditions de travail) et collectif (les normes environnementales, la créativité du salarié). Car si l'on accepte la thèse du déclin de l'économisme en pensant que c'est exclusivement en dehors du travail qu'il faut trouver des compensations, n'est-ce pas renoncer à ce qui pour moi, femme politique de gauche, est essentiel : la valeur du travail, c'est d'abord la possibilité de s'y épanouir. Et donc le rendre plus humain dans tous les sens du terme : salaires, conditions de travail, perspectives de conciliation de la vie familiale et professionnelle.

La réforme de la gauche, la réforme de l'économie française – Confiance et vérité pour inventer demain. Nous avons deux défis à relever : le capitalisme qui perd la tête et qui appelle de nouvelles règles ; l'après-pétrole à anticiper.

Je pense que le premier pas pour rétablir la confiance, c'est la vérité. Regardez la crise des subprimes et la fraude à la Société Générale en France! Voyez la hausse des salaires des patrons du CAC 40 (+ 58 %) alors que la situation des caissières de supermarché n'est toujours pas résolue. Les Français n'en peuvent plus de l'augmentation des inégalités, de la mondialisation dévoyée, des risques de délocalisation, des difficultés d'accès aux soins, à la santé et à l'éducation, des déficits publics et du fardeau de la dette.

La prochaine génération aura-t-elle les mêmes chances que nous? Et la suivante? Soyons honnêtes, nous savons que ce n'est plus le cas. Si nous voulons que le progrès n'ait de réalité que dans les promesses politiques, avec l'exaspération qui en résulte, nous devons réformer le système en levant les blocages, les corporatismes, les freins à l'innovation et inventer un autre modèle de développement, dans un monde où les ressources se raréfient.

Fondamentalement, je pense que la circulation et la mobilité sont au cœur de notre époque, pour le meilleur ou pour le pire, en fonction de nos choix et nos aspirations. Ce sont ces flux intenses de populations, de biens, de capitaux et aussi d'informations qui ont créé ce « village-monde ».

Bien entendu, c'est une chance pour nous tous, partout à travers le monde; la créativité humaine n'a jamais été aussi grande, les nouveaux pays émergents bénéficient de nouvelles sources de croissance, le capital peut être alloué aux projets les plus intéressants, quel que soit le lieu, quel que soit le moment, quelle que soit l'idée.

D'un autre côté, qui peut nier les menaces d'une telle situation ? Ce monde est déstabilisé par la pauvreté, les migrations massives, les désastres écologiques et les conflits. En France, les jeunes n'ont jamais été aussi pessimistes sur leur avenir.

La croissance économique doit s'appuyer sur trois piliers d'égale valeur : la valeur économique, la valeur sociale et l'édifice environnemental. L'économie de marché doit être encadrée et s'accompagner de progrès sociaux et de mesures de protection de l'environnement. Un immense effort de régulation doit être fait. Je propose la création d'un fonds « après-pétrole » financé par les super-profits de Total et par une partie des excédents d'EDF et d'Areva (qu'il serait irresponsable de privatiser) pour financer massivement les énergies renouvelables.

Pour cela, nous avons besoin d'un État fort, qui donne des orientations claires et stables, qui apporte les garanties d'une répartition équitable des profits et qui prend en compte les coûts écologiques des activités économiques. Et ces règles doivent devenir mondiales afin d'empêcher la délocalisation des industries les plus polluantes dans les pays émergents. Dans la région que je préside, une entreprise chimique a délocalisé son activité en Chine parce que là, elle pouvait polluer !

En un mot, les mêmes règles doivent s'appliquer à tous les pays et doivent être supervisées par une Organisation mondiale de l'environnement.

Un autre facteur de ralentissement de la croissance économique : les inégalités. En effet, les inégalités n'ont jamais été aussi révoltantes. Dans notre monde instable et fluctuant, certaines personnes sont en mesure de prendre leur avenir en main. Elles ont su s'adapter, parce qu'elles ont étudié, parce qu'elles parlent plusieurs langues, parce qu'elles sont prêtes à travailler à l'étranger, et parce que, si elles perdent leur emploi, elles sont sûres d'en trouver un autre immédiatement.

D'autres n'ont pas la chance d'avoir ce choix. Elles souffrent d'un manque de « capability », comme l'a si lumineusement expliqué Amartya Sen, prix Nobel d'économie que j'ai rencontré à Boston. Elles ne peuvent pas se projeter dans leur avenir, tout simplement parce qu'elles doivent résoudre leurs problèmes quotidiens, parce que leur pouvoir d'achat a diminué, parce qu'elles ne sont pas suffisamment qualifiées, ou encore parce que les services publics ont été démantelés au nom d'une idéologie nocive.

Nous vivons dans un monde qui exige des changements permanents. Si les personnes ne sont pas bien préparées, elles en souffriront. Si elles pensent qu'elles sont perdantes, elles s'opposeront, à juste titre, aux évolutions.

Les conservateurs disent que le risque, c'est la vie et la richesse, mais oublient que certains ont les moyens de faire face aux risques, tandis que d'autres, non. Et oublient qu'on ne prend jamais un risque si l'on n'en est pas protégé. Il ne s'agit pas d'assistanat ou de protectionnisme : l'efficacité économique nécessite de la sécurité professionnelle et financière.

Garantir à chacun les moyens de réussir sa vie. C'est aussi reconnaître la diversité des talents, des itinéraires, des expériences, par rapport à un marché du travail qui est en France bien trop rigide et beaucoup trop marqué par le diplôme initial.

Alors, que faire ?

Tout d'abord, nous devons augmenter notre taux d'emploi. Pour augmenter le taux d'emploi chez les jeunes, nous devons rapprocher sans complexes le travail en entreprise des études. L'utilisation du schéma travail-études, très répandue en Europe du Nord et aux États-Unis, doit être appliquée en France. Cela suppose que les entreprises françaises jouent le jeu de la formation, plutôt que d'utiliser les jeunes comme une aubaine pour ne pas embaucher.

Ensuite, nous devons encourager la mobilité sur le marché du travail avec une réelle sécurité professionnelle. Une économie innovante va de pair

51

avec un taux élevé de destructions et de créations d'emplois (tous les jours il y a en France 10 000 emplois détruits et autant qui se créent). Le défi auquel nous sommes confrontés est de faciliter ce processus sans reporter sur les salariés l'essentiel du risque. Au Danemark, les sociaux-démocrates ont réussi à mettre en place un système qui rend les entreprises plus agiles et, dans le même temps, assure une solide indemnisation du chômage accompagnée de formation. Nous devons investir dans les personnes, nous devons faire en sorte que les travailleurs se sentent plus forts devant les grandes mutations. La création d'activité doit être soutenue, car souvent freinée par la faiblesse des fonds propres de celui qui est prêt à prendre un risque. La collectivité peut l'aider à réussir, en tenant compte de sa situation, ce qui lui permettra de faire face aux besoins de trésorerie de son entreprise. C'est ce que j'ai fait dans ma région, avec les bourses tremplins régionales pour la création d'entreprise : plus de 5 000 entreprises créées en quatre ans et 3 500 salariés recrutés par ces créateurs d'entreprise auxquels la région donne un microcrédit gratuit pouvant aller jusqu'à dix mille euros, avec un accompagnement personnalisé. Ironie du système, c'est ce coup de pouce régional qui souvent ouvre le complément de prêt bancaire et sert de garantie !

Troisièmement, nous devons reconstruire notre système d'enseignement supérieur. La France ne consacre que 1,3 % du PIB et 8 700 euros par étudiant à l'enseignement supérieur, contre 3 % du PIB aux États-Unis et 36 500 euros en moyenne par élève. Une récente étude, réalisée par le *think-tank* européen Bruegel, montre que l'octroi du pouvoir de décision à l'Université est essentiel à la bonne performance des universités. La combinaison gagnante est en effet une meilleure gouvernance, un niveau élevé de financement et en contrepartie un suivi individualisé des élèves d'accompagnement vers l'emploi.

Nous devons nous engager dans cette voie, améliorer les liens entre les universités, la recherche et le secteur privé, créer davantage de passerelles entre les grandes écoles élitistes et les universités, inciter les meilleurs étudiants à poursuivre leurs programmes d'études jusqu'à la thèse. En Poitou-Charentes, j'ai mis en place une aide aux jeunes qui ont un bon niveau scolaire mais sont issus de familles qui ne perçoivent rien car leurs revenus dépassent de peu les plafonds de ressources des bourses. Je ne veux pas que les talents soient pénalisés par une question matérielle : 800 jeunes en bénéficient à la rentrée 2008.

Finalement, il y a une dernière question que la gauche doit appréhender et traiter. Des statistiques récentes montrent que les Français ont tendance à être malheureux sur leur lieu de travail. Dans la plupart des entreprises, les employés ne sont pas correctement représentés et défendus : c'est tout l'enjeu du développement du syndicalisme.

Je suis absolument convaincue qu'il n'y aura pas de profondes réformes économiques durables sans une nouvelle frontière sociale. Les réformes, si elles sont mises en œuvre avec les citoyens dans le cadre d'un nouveau contrat social avec les droits et les devoirs de chacun, n'aboutiront pas forcément à des manifestations et des grèves.

La faillite du volontarisme politique de la droite

– Alain Touraine, votre thèse est provocatrice et c'est stimulant. Au fond, dites-vous, la croissance et le niveau de vie ne sont plus les préoccupations uniques du débat politique et ne doivent plus l'être. Les limites du marxisme autant que celles de « l'illusion libérale » nous invitent à réinvestir la question des valeurs, à « donner des fondements éthiques à notre démocratie », puisque « désormais nous, comme sujets, n'avons pas d'autre fondement que nous-mêmes : nous revendiquons le droit d'être nous-mêmes, nous avons la volonté d'être reconnus comme êtres de droits et avant tout du droit d'être nous-mêmes ». De la crise écologique au retour des « religions politiques », tout semblerait nous inviter à dépasser le prisme économique et social du discours politique et celui de la gauche en particulier.

Et pourtant ! La croissance et le pouvoir d'achat, la hausse des prix, le niveau des salaires et des pensions de retraite ont été, entre autres enjeux, au cœur de la campagne présidentielle. Et tous ces sujets sont omniprésents dans le débat public depuis l'arrivée au pouvoir de la droite, au point de prendre aujourd'hui le relais du chômage dans les préoccupations des Français. Bien que vous préveniez tout contresens, je pourrais malgré tout vous dire, Alain Touraine, que la question économique et sociale demeure centrale, tout simplement parce que la précarité envahit tout et détruit la dignité humaine.

« C'est l'état de la société qui détermine l'état de l'économie. » Je voudrais poursuivre votre idée, Alain Touraine, qui me paraît être au cœur des débats de la gauche. Je comprends cette phrase à deux niveaux. Elle se veut d'abord aller à rebours d'une vision marxiste où les rapports économiques déterminent la société. Et donc la politique. Mais cette phrase s'inscrit également à contre-courant d'une tradition politique qui considère la politique macro-économique classique comme l'alpha et l'oméga de toute politique globale. En réalité, comme l'économiste Philippe Aghion et ses collègues l'ont brillamment montré dans leurs travaux récents, le potentiel de croissance d'un pays dépend à la fois de son niveau de développement courant et des institutions et modes d'organisation dont il s'est doté.

Les impasses de la gauche « généreuse », les faiblesses de la gauche gestionnaire ? – C'est à un curieux renversement auquel nous avons assisté dans le rapport de la gauche à l'économie. On nous a reproché de passer du vide au trop-plein, de l'ignorance de l'économie à un économisme purement gestionnaire.

Longtemps la gauche a été accusée d'ignorer l'économie, pour ne s'intéresser qu'au social. Longtemps la gauche a été réputée incompétente en économie. Que l'on se rappelle Pierre Mendès France et sa solitude dans les années 50 et 60 ou les attaques virulentes contre François Mitterrand en 1974 et en 1981. La gauche, au pouvoir, réalisait quelques grandes réformes sociales, avant de décréter la pause ou de quitter le pouvoir, face aux difficultés de la gestion des finances publiques ou du commerce extérieur. La gauche, c'était la générosité sociale sans compter, dans tous les sens du mot. Derrière cette générosité se dissimulait aussi l'idée que l'on pouvait, que l'on devait rompre avec la logique économique du capitalisme et de l'économie de marché, que les impératifs de la gestion n'étaient que le faux nez du mur de l'argent.

Cette tradition de gauche a vécu jusqu'en mars 1983 mais les acquis sociaux de cette période n'ont pas à être reniés. La gauche disposant enfin de quelques années pour gouverner, elle a dû assumer la gestion et les conséquences de ses réformes, dans une économie de plus en plus ouverte. De fait, c'est la gauche qui a vaincu l'inflation dans notre pays, qui a initié les grandes restructurations industrielles, dont son électorat populaire fut la première victime. C'est la gauche qui a réhabilité l'entreprise et la compétitivité. Tout cela au prix d'une défaite électorale en mars 1986 et plus encore en 1993. Mais au prix aussi d'un abandon plus profond, voilé par le discours sur la « parenthèse », celui d'un volontarisme économique dont l'ambition est de rompre avec la logique de l'économie de marché. Bref, au prix de l'abandon, et inavoué, du « socialisme » dans sa version économique.

Depuis cette date, les résultats économiques des gouvernements de gauche sont au moins aussi bons, quand ils ne sont pas nettement meilleurs, que ceux de la droite. Qu'il s'agisse de l'emploi, de la croissance, de l'inflation, des déficits et de la dette publique, il serait aisé de montrer que les résultats obtenus par la gauche depuis 25 ans sont positifs. Du vieux complexe de gauche de ne pas avoir la compétence économique, on est passé à une gauche fière de ses talents gestionnaires. Oui, mais quel étonnant paradoxe : la gauche sait désormais gérer mais la voilà absente du second tour de l'élection présidentielle en 2002.

La « gauche sociale » des années 80 a eu pour objectif d'augmenter les prestations sociales, les bas salaires et les dépenses ciblées sur les exclus. La gauche économique ou gestionnaire des années 90, elle, s'adapte à la profonde transformation de l'intervention de l'État dans l'économique et le social. Transformation qui signifie d'abord libéralisation, c'est-à-dire perte des outils publics de contrôle sur les prix et les salaires (hormis le SMIC), moindre efficacité des politiques keynésiennes dans une économie globalisée, crise profonde des finances publiques et sociales, sans parler bien sûr d'une politique monétaire décidée ailleurs, par une Banque centrale européenne indépendante, et d'une politique fiscale soumise à la pression concurrentielle du « moins d'impôts ». Prise en tenaille entre son idéal social et les contraintes économiques, la gauche d'hier ne restait pas longtemps au pouvoir ou renonçait aux politiques les plus dirigistes. C'est un dépassement de ce tiraillement qu'il faut réaliser : aujourd'hui, je veux que la gauche reste plus que jamais sociale, qu'elle sache redistribuer sans tuer le goût d'entreprendre, qu'elle assume les investissements publics tout en rendant bien plus efficace la dépense publique. Ce qui nous amène à parler de l'économie de marché, de ses transformations et de ce que doit être l'action de la gauche aujourd'hui et plus encore demain.

Pour en finir avec le débat sur l'économie de marché – « Vous n'avez pas fait votre Bad Godesberg », ne cesse-t-on de nous reprocher, en référence à l'abandon fait par le Parti social-démocrate allemand en 1959 de toute référence au marxisme. Cette impasse serait notre péché originel, le grand handicap qui nous empêcherait d'avancer et de construire une nouvelle gauche. Quelle plaisanterie ! Une plaisanterie doublée de perversité, qui plus est. Car derrière cette demande répétée qui nous est faite « d'accepter l'économie de marché », ce qu'on exige en réalité de la gauche, c'est de renoncer à vouloir changer la société, et même plus : de renoncer à peser réellement sur le cours des choses. Et surtout de pousser à la totale dérégulation.

Ce qui est bien plus important que l'acceptation de l'économie de marché, c'est ce que nous pensons de l'économie de marché dans laquelle nous vivons, celle d'aujourd'hui, qui n'est plus du tout la même que celle d'hier. Que pensons-nous et que faisons-nous dans une économie de marché qui, c'est là l'essentiel, a profondément changé en trente ans, avec la domination du capitalisme financier et de l'économie post-industrielle ? Quoi de commun entre l'économie de marché des années 70 en France, qui allait de pair avec un système dirigiste et réglementé, et celle d'aujourd'hui, mondialisée, globalisée et déréglementée ? Quoi de commun entre le capitalisme rhénan (l'économie sociale de marché fondée sur des stratégies à moyen terme et des compromis sociaux) et la recherche du profit immédiat – 20 % de rentabilité, s'il vous plaît ! – qui caractérise le capitalisme financier que nous subissons ?

Disons les choses une bonne fois pour toutes. Oui, le profit des entreprises est tout à fait légitime quand il permet de financer les investissements nécessaires à leur propre développement; lorsque les salariés touchent le juste retour de leur travail; quand, enfin, une rémunération raisonnable de l'actionnaire, c'est-à-dire du capital, est maîtrisée. Soulignons que le capitalisme financier pratiqué aujourd'hui ne répond à aucun de ces critères. Il a profondément déséquilibré le partage de la valeur ajoutée, c'est-à-dire du profit, au détriment des salariés. Il dénature les investissements des entreprises, au détriment de leur développement dans la durée.

Le marché est d'une grande efficacité, d'une grande brutalité et d'un grand aveuglement. D'une grande efficacité pour produire des biens et des services. Des systèmes de production étatisés ont été expérimentés, jadis et ailleurs, avec les brillants résultats que l'on sait! Il est néanmoins d'une grande brutalité, car il en laisse plus d'un sur le bas-côté. Et il peut être enfin d'un grand aveuglement. La répétition des crises financières montre son instabilité intrinsèque; son mépris des conséquences environnementales en est un autre vice grave.

Alors faut-il être pour l'économie de marché, mais contre la société de marché? La distinction est une formule intéressante, mais il faut l'approfondir. Cette distinction vise à sanctuariser des activités qui ne doivent pas entrer dans une logique marchande – la culture ou les services publics par exemple. Très bien. Mais est-ce à dire qu'il n'y avait plus rien à changer dans le fonctionnement même de l'économie de marché, pour seulement agir sur la société ? Ce serait un renoncement. C'est pourquoi nous parlons désormais d'économie sociale et écologique de marché. En outre, si nous ne devons pas vivre dans une société de marché, nous vivons bien dans une société de consommation – d'hyperconsommation même. Ce qui signifie notamment que les personnes et les familles se construisent à travers et parfois grâce à la consommation, tout simplement parce que c'est la vie et qu'elle devient de plus en plus difficile : se loger, se nourrir, se déplacer, s'éduquer et hélas de plus en plus accessoirement, se cultiver.

Quand nous nous battons pour augmenter le pouvoir d'achat, nous répondons à une demande de consommation. Une des plus grandes frustrations des familles populaires et des classes moyennes est en effet de ne pas avoir accès à un « pouvoir d'acheter » plus fort. Non pas pour accumuler des biens de façon capricieuse et frivole, mais parce que l'aspiration principale, dans un contexte de hausse des prix, à l'accès à la propriété n'est guère possible aujourd'hui pour un Français sur deux. D'où la puissante attraction du modèle de la réussite matérielle que le discours de gauche n'a jamais vraiment osé reconnaître, sauf pour le SMIC ou les bas salaires. C'est insuffisant. Alors disons-le : l'argent ne doit pas être un critère de reconnaissance des personnes dans notre société. Je l'ai déjà écrit plus haut. Mais nous nous battons aussi, à gauche, pour le progrès économique et social quantitatif, c'est-à-dire pour le progrès matériel avec cette dimension supérieure : le progrès éducatif, culturel, démocratique. Mais cette dimension supérieure est aussi liée au niveau de vie !

La première révolution de la puissance publique : l'État préventif – Au commencement de la gauche, il y a la révolte. La révolte contre l'injustice, contre la domination, contre l'exploitation et l'aliénation. Au cœur de cette révolte, on trouve la revendication d'une émancipation et le besoin d'assurer à tous la même liberté. Ou plutôt, le besoin d'assurer à tous l'égalité dans l'accès à la liberté. Au commencement de la gauche, il y a la colère, le refus d'un ordre des choses qualifié par d'autres de naturel. Pour autant, de cette révolte et de cette colère n'a pas toujours émergé une gauche constructive qui soit en mesure de changer réellement la société. Comment faire pour que cette capacité de révolte ne s'émousse pas, une fois au pouvoir ?

Pour la gauche, l'individu existe et s'épanouit aux côtés des autres et il ne peut se construire qu'avec des garanties collectives. Une gauche de l'individu, c'est une gauche qui est capable de donner la possibilité à chacun de ne pas être prisonnier des fatalités sociales, de pouvoir reprendre la main sur sa vie quand ça va mal ou moins bien. Une gauche de l'individu donne à l'État et à la protection sociale un rôle essentiel mais profondément rénové. La gauche, en ce début de XXIe siècle, doit reconsidérer le rôle de l'État et des services publics. Je voudrais évoquer ici les deux révolutions qui me paraissent prioritaires.

Au XXe siècle, les services publics et l'État-providence se sont développés par des règles uniformes et générales venant corriger après coup les difficultés ou les drames que chacun pouvait rencontrer dans sa vie. Aujourd'hui, nous devons revoir entièrement cette conception. Au nom de la haute idée de l'État que je me fais, au nom d'une volonté de la lutte contre les inégalités et en faveur de l'épanouissement personnel, j'estime que les services publics et la protection sociale doivent être réformés. Pour les repenser, il faut se mettre en tête que la lutte contre les inégalités se fait à la racine, avant même que les injustices ne verrouillent les destins. Cette idée d'un État préventif, qui intervient et investit proritairement avant, plutôt qu'après, on peut la décliner dans bien des domaines.

En voici quelques exemples non exhaustifs.

Les délocalisations et plans de licenciement massifs d'abord. Aujourd'hui, nous les subissons : ce sont les salariés qui sont victimes et les contribuables qui en financent les conséquences. Il faut changer de stratégie. D'abord en mettant en œuvre une stratégie de compétitivité par le haut, et non de concurrence par le bas. Pour cela, il faut mettre l'accent sur la formation des salariés, sur les investissements en recherche et en innovation des entreprises, notamment dans les PME. Ensuite, l'État et les régions doivent conditionner leurs aides aux entreprises à des comportements responsables en préservant une capacité d'intervention à travers une agence de réindustrialisation permettant des maîtrises publiques temporaires.

La question des salaires impose le même type de démarche. Dans l'immédiat, l'annulation de l'aberrant « paquet fiscal » aussi injuste qu'inefficace permettrait de récupérer des marges de manœuvre. Sur la durée, de nouvelles règles du jeu d'une gouvernance de gauche s'imposent. Le contraste entre les augmentations récemment publiées des revenus des patrons du CAC 40 (ou les profits parfois énormes des grandes entreprises), et la modicité des augmentations salariales est d'autant plus scandaleux qu'il est sans aucune justification économique. Ajoutons que de nombreux secteurs de l'économie – souvent les plus profitables – ne sont pas soumis à la concurrence des pays à bas salaires : la banque, l'assurance, la grande distribution, les services à la personne... L'État ne peut certes pas donner d'ordres aux entreprises mais il doit utiliser les leviers dont il dispose, comme les exonérations de cotisations patronales. Qui nous empêche de conditionner ces aides non pas à l'ouverture de négociations salariales – ce qui n'engage à rien –, mais à la conclusion d'accords entre patronat et syndicats sur les salaires et les conditions de travail ? Là encore, l'État ne doit pas agir seulement pour réparer, à travers des « exonérations de charges » qui se superposent de législation en législation. Il ne doit pas, sauf exception ou urgence comme aujourd'hui, compenser l'absence d'augmentations salariales par des allocations provisoires mais doit au contraire stimuler la négociation sociale, de façon ciblée et incitative, pour amener les entreprises à adopter des principes de justice et de responsabilité. Les incitations fiscales doivent être délivrées en fonction du degré d'exposition des entreprises à la concurrence internationale et de leur respect du dialogue social.

Autre exemple d'État préventif : l'éducation. Aujourd'hui le système produit trop d'échec scolaire : c'est profondément injuste et douloureux pour des jeunes le plus souvent issus des milieux populaires ; cela a aussi des conséquences considérables et un coût pour la collectivité. Lutter contre les inégalités à la racine doit nous conduire plus que jamais à centrer notre effort sur l'éducation, dès la petite enfance. Le service public de la petite enfance est un projet que nous avons porté pendant la campagne. Je crois que nous ne devons pas lâcher prise.

65

Pour lutter efficacement contre l'échec et la violence scolaire, mettons en place une nouvelle règle du jeu : aidons les élèves le plus tôt possible, puis de façon personnalisée avec le soutien scolaire. Il faut nous en donner les moyens humains et financiers. C'est un investissement considérable, certes, mais que nous ne regretterons pas : en améliorant globalement la vie des familles, il contribuera à éradiquer la violence, et produira le meilleur « retour humain sur investissement ». Les chercheurs comme Dominique Méda ont démontré qu'un euro dépensé dans la petite enfance valait dix fois plus qu'un euro dépensé à la fin de l'adolescence.

Dernier exemple, celui de la dette, sujet macro-économique par excellence, que l'on a tendance à ne traiter que sous l'angle comptable et qui paraîtra le plus éloigné des sujets de ce chapitre. Ce n'est pourtant pas le cas. La réduction de la dette, ce n'est pas une priorité parmi d'autres, c'est une obligation. La dette n'est pas un prétexte pour faire moins, c'est une obligation pour faire autrement. Notre dette est le produit d'un système qui fonctionne mal, d'un État rigide ou de groupes de pression puissants. Si on ne remet pas en cause les règles du jeu, on ne réussira pas à faire baisser la dette. Il faut rompre avec une mauvaise habitude française : ne jamais remettre en cause les anciennes dépenses, et venir y empiler les nouvelles. La nouvelle règle du jeu, en ce domaine, est simple :

un euro dépensé doit être un euro utile. Cela signifie très concrètement : ne pas engager de dépenses nouvelles sans économies sur les dépenses anciennes ; reconduire des dépenses anciennes seulement après évaluation de leurs résultats avec les usagers. Et surtout, un État efficace grâce à une nouvelle étape de décentralisation.

La seconde révolution de la puissance publique : l'État accompagnateur – Tel est donc le premier changement d'approche qui me semble nécessaire : un État investisseur qui s'attaque aux injustices, aux inégalités, aux inefficacités à la racine. La seconde révolution touche au développement des services publics d'accompagnement personnel, que j'ai déjà évoqués rapidement à propos de l'éducation et du soutien scolaire. Je ne citerai qu'un seul exemple à ce propos : la recherche d'emploi. Nous avons en France un service public de traitement du chômage, nous n'avons pas un service public de recherche d'emploi. Autant que le nombre de chômeurs, c'est la durée moyenne de chômage qui souligne la gravité de la situation. Chacun sait qu'un salarié licencié a le sentiment de tomber dans un gouffre dont il ne sait ni comment ni quand il va sortir. « Mettre la pression » sur les chômeurs, comme le proposent certains, et sur ceux – très minoritaires – qui refusent des propositions d'emploi raisonnable (encore faudrait-il définir ce qualificatif selon qu'on est jeune ou pas, mère célibataire ou pas, doté de moyens de déplacement ou pas), n'est pas la bonne réponse. C'est même une erreur de diagnostic. Que les chômeurs deviennent pleinement des chercheurs d'emploi et que le service public les aide à se mettre en situation de recherche d'emploi, c'est évidemment l'essentiel. Dans ces conditions le service public pourra et devra contrôler les abus ou les fraudes. Mais le contrôle n'est pas la finalité du service public. Son but et son sens sont sa capacité à mettre en mouvement la responsabilité personnelle du chercheur d'emploi, c'est-à-dire sa capacité d'initiative, alors que le seul traitement administratif enfonce la personne dans la spirale déprimante du statut de « chômeur » qui ne cesse de perdre confiance en lui.

Aujourd'hui on aide les chômeurs à subvenir à leurs besoins, sans véritablement les aider à rechercher un emploi. Puis on use de la radiation administrative pour faire baisser les chiffres. Une autre règle du jeu serait la suivante et nous l'expérimentons dans la région Poitou-Charentes : dès qu'une personne est licenciée, elle doit être sécurisée dans ses revenus mieux qu'elle ne l'est aujourd'hui (en particulier pour les plus modestes), et accompagnée techniquement et psychologiquement dans sa recherche d'emploi. Le contrôle interviendrait à travers une obligation réciproque des services publics et des chercheurs d'emploi, en vue d'un objectif clair : réduire fortement la durée de chômage. Là aussi, et quand on pense aux centaines de milliers d'offres d'emploi qui restent non pourvues, c'est un investissement qui change la donne, qui change l'état d'esprit des salariés et fait faire des économies considérables. Nous devons mettre en œuvre une assurance professionnelle, un système qui, dès lors que les salariés perdent leur travail, les oriente et les accompagne de manière à ce que tout converge pour qu'ils retrouvent un emploi ou une formation. Je ne parviens pas à admettre que les entreprises trouvent des financements pour le « coaching » ou l'« outplacement » de leurs cadres – ce qui est très bien –, et qu'elles ne les trouvent pas, en appui sur le service public de l'emploi, pour les salariés les plus exposés au risque du chômage et de la précarité.

Notre ambition doit donc être de réorienter l'action et les prestations publiques vers la reconnaissance des personnes et de leurs parcours, plutôt que d'en rester à des allocations distribuées en fonction des caractéristiques statistiques des individus, euxmêmes traités de façon administrative. Si l'on veut que la société donne à chacun le droit d'être soimême, la capacité de construire et de maîtriser sa vie, comme vous le dites, Alain Touraine, alors le combat de la gauche demain, notre combat, c'est de remettre de la justice et de la responsabilité dans la maison France, par de nouvelles règles du jeu, pour que chacun puisse reprendre la main et jouer la partie.

Je veux que l'État soutienne pour responsabiliser

les individus. Je veux rendre obligatoire la négociation pour concilier des intérêts divergents. Je refuse le rapport de forces qui fait gagner à coup sûr les intérêts des puissants. Les nouvelles règles du jeu que je propose sont fondées sur les valeurs profondes de la gauche – la justice, la solidarité, la liberté et la responsabilité personnelles –, mais elles tiennent compte aussi des échecs ou des impasses du mouvement dans lequel je m'inscris et regardent les réalités en face. Ces nouvelles règles du jeu reposent sur l'État et les collectivités territoriales, mais aussi sur les acteurs privés. Aujourd'hui, l'État est trop centralisé dans son organisation, trop impersonnel dans sa relation, trop tardif dans son intervention : il est peu efficace et trop coûteux. Il agit souvent mal et trop tard. Il faut décentraliser tout ce qui peut l'être afin de faire du préventif, de l'incitatif et du « sur mesure ».

En rendant à chacun le droit et la possibilité d'être acteur de sa propre vie, les égoïsmes reculeront. L'égoïsme gagne quand une partie de la population ne se sent plus solidaire des autres et en vient, par exemple, à faire du chantage à l'exil fiscal ; quand des entreprises ne se sentent plus comptables du sort de leurs salariés et en viennent à faire du chantage au licenciement ou à la délocalisation ; quand tout le monde n'a qu'une peur : tomber dans la catégorie sociale d'en dessous. L'égoïsme a gagné quand le respect et la solidarité nationale ont disparu.

L'économie sociale : un secteur d'avenir à encourager – Je le soulignais devant le congrès national des SCOP (sociétés coopératives ouvrières de production) en mai 2008 à Poitiers, l'économie sociale représente trois milliards d'euros de chiffre d'affaires et prouve qu'elle constitue, pour une part, une alternative crédible à une économie capitaliste de plus en plus structurée par la spéculation financière. Les structures de l'économie sociale (mutuelles et coopératives notamment) ont démontré qu'elles pouvaient se développer dans certains secteurs concurrentiels avec les mêmes contraintes de gestion et de rentabilité que toute entreprise, tout en faisant des salariés les détenteurs du capital de leur entreprise. Elles réconcilient, tout en s'inscrivant dans l'économie de marché, l'impératif de rentabilité avec les principes de la solidarité et les règles de la démocratie.

Née du mouvement mutualiste et coopératif, elle s'appuie sur des règles éthiques.

Le succès de l'économie sociale se mesure aux réussites d'entreprises qui sont devenues leaders dans leurs secteurs : École de Conduite Française, mutuelles, Chèque Déjeuner, pour ne citer que quelques exemples.

La force de l'économie sociale est de s'insérer durablement dans le territoire, en créant des emplois

71

qui ne sont par définition pas délocalisables. Pour les entreprises petites ou moyennes, les reprises par les salariés en SCOP constituent une solution de plus en plus viable avec un équilibre de la répartition des bénéfices entre le travail, l'actionnariat et l'investissement. Dans la région que je préside, je les encourage systématiquement : une aide par emploi sauvé et un accompagnement en conseil a permis à quinze SCOP de se créer.

L'économie sociale fait aussi l'expérience quotidienne du dialogue social en plaçant la concertation au cœur de la prise de décision sur la stratégie de l'entreprise. En cela, les entreprises de l'économie sociale sont dans la pratique quotidienne et efficace d'une démocratie participative d'entreprise. Les entreprises de l'économie sociale mettent toutes en avant le principe selon lequel les usagers sont les décideurs, qu'ils agissent sous la forme de sociétaires, de salariés-actionnaires, ou d'adhérents.

L'économie sociale dans ma région représente 13 % de l'emploi salarié avec 400 coopératives dont 108 SCOP, soit au total 2 200 emplois, sans oublier les 3 800 associations et 75 mutuelles. Ce secteur est reconnu à part entière dans toutes les instances de concertation économique, ce qui lui donne un dynamisme auquel j'attache beaucoup d'attention.

VIVRE ENSEMBLE, ÉGAUX ET DIFFÉRENTS

Alain Touraine

La fin du social – Le mot *globalisation* a tout envahi. Avec raison, puisqu'il inclut les deux grandes transformations dont nous faisons tous les jours l'expérience.

En premier lieu, la priorité des réseaux de communication sur les unités de production, c'est-à-dire, en termes très classiques, la domination de la *finance* sur l'industrie et les entreprises ou encore le triomphe du *capitalisme,* si on définit celui-ci comme la volonté de faire disparaître tous les contrôles sociaux, politiques ou culturels des activités économiques, celles-ci devant être « libres », ce qui est plus facile à obtenir dans une économie globalisée. Cette évolution a pris une forme si extrême que j'ai parlé de la fin du social, de

73

l'affaiblissement et de la disparition de tout ce que je viens d'appeler les institutions de contrôle de la vie économique. En effet, l'activité économique et surtout financière est mondialisée et il n'existe presque pas d'institutions, même économiques, qui soient capables d'agir efficacement au niveau mondial. Les Nations unies et leurs institutions spécialisées ont cette ambition mais il y a loin des ambitions initiales à la réalité présente, comme l'a montré le refus du président Bush de tenir compte des débats du Conseil de sécurité au moment où il préparait sa guerre contre l'Irak.

Des tribunaux, des Églises, des associations caritatives, et même le courant de protestation politique et social altermondialiste lancent des actions vers le niveau le plus élevé de décision mais leurs résultats sont forcément faibles, étant donné la différence d'échelle entre eux et le pouvoir économique mondialisé.

En second lieu, la généralisation de l'emprise de cette société de masse, capitaliste et mondialisée sur tous les aspects de notre vie : à côté de la *production de masse*, la *consommation de masse* et les *communications de masse* agissent sur presque tous les aspects de notre personnalité.

Rassemblons ces deux ordres d'analyse, en effet inséparables l'un de l'autre, et nous voyons émerger ce qui définit le mieux, le plus centralement, la situation où nous sommes entrés, presque tous, bien que de manières très différentes, selon qu'on est un individu ou un pays riche ou au contraire pauvre. Cette situation est dominée par la polarisation entre des réseaux d'appareils de production, de consommation et de communication et de l'autre côté des acteurs particuliers, individuels ou collectifs, qui sont tous jetés dans un certain *vide* social, qui ont peu de moyens d'intervenir sur les systèmes mondialisés et qui par conséquent ne peuvent que se retourner sur eux-mêmes, affirmer leur existence, leur liberté, leurs *droits* et aussi leur mémoire, leur activité sociale et leurs appartenances *culturelles,* comme les buts fondamentaux de leur action et plus encore comme critère dominant d'évaluation et de légitimation de leur action.

L'idée de société ébranlée – En résumé nous vivions hier encore dans des réseaux de rapports sociaux dont les plus importants étaient les rapports sociaux de production, dont le lieu principal d'expression était l'entreprise. C'est pourquoi l'idée qui définissait le mieux cette situation historique était celle de *société.* Chacun de nous était le mieux défini par sa situation sociale, par les fonctions qu'il remplissait bien ou mal et par la capacité des sociétés de définir leurs fins et leurs moyens, c'est-à-dire leur politique et leur économie, d'organiser la « socialisation » des nouveaux venus, en particulier dans les milieux éducatifs et même de récompenser ou punir ceux qui respectent ou enfreignent les normes fixées par la société.

Tel est le renversement annoncé lors de notre première rencontre. L'individu était lié à la société par des institutions et nous cherchions à donner la priorité à *la société* sur l'individu, ses demandes et ses pulsions, ce que Nietzsche et Freud ont critiqué avec la plus grande force. Et le système de production lui-même était encore en partie contrôlé par les États, les *lois* et les frontières. Aujourd'hui nous croyons de moins en moins aux lois, parce que nous ne pouvons plus nous représenter la société comme un marché soumis à des régulations. Nous parlons de moins en moins en termes sociaux et de plus en plus simultanément en termes *économiques,* auxquels sont souvent associés des termes *militaires* – lutte entre les empires et les civilisations –, et en termes *culturels* et aussi de *personnalité,* comme nous le faisons face aux émeutes dans les banlieues, à la montée de la délinquance, en particulier sexuelle, aux relations interculturelles, à la situation et à l'action des femmes, à la protection des enfants.

Par voie de conséquence directe le raisonnement *évolutionniste* doit disparaître. Il n'y a pas un seul mode de développement et tous les chemins ne mènent pas à Rome ou à New York. Comment des acteurs, définis par leur culture donc par leurs particularités et leurs différences, peuvent-ils communiquer entre eux et vivre ensemble ? Ce sera dans

un instant le second thème majeur de notre réflexion d'aujourd'hui.

Il est plus difficile pour un sociologue que pour
tout autre de comprendre ce renversement de perspective, cet affaiblissement et même cette « *fin du
social* », puisque la sociologie a été créée en intro-
duisant justement l'idée que la définition du bien et
du mal, qui était donnée par la tradition ou par un
message divin, ne l'était plus et qu'elle ne l'était
pas davantage par la volonté de l'État ; elle était
donnée par l'effet positif ou négatif d'une action
sur la société elle-même. Les politiques ont utilisé
les mêmes notions que les sociologues. Le Welfare
State de l'Europe occidentale avec ses systèmes de
Sécurité sociale est né de l'action syndicale et
d'une volonté d'intégration sociale. Analystes et
décideurs politiques sont donc placés devant la
même nécessité d'un renouveau de la pensée. L'effort qu'ils doivent faire est au moins aussi grand
que celui qu'ils ont dû faire quand nous sommes
entrés dans la société industrielle, en rupture avec
l'ordre social antérieur fondé sur les monarchies
absolues. Economistes et géopoliticiens regardent
vers le haut, vers la globalisation, les marchés mondiaux et les affrontements militaires de contenu
culturel et religieux ; les sociologues et les politiques doivent remplacer les catégories sociales dont
ils avaient l'habitude par des catégories *culturelles*.

Ensemble et différents – Ces problèmes culturels se rattachent le plus souvent à une formulation
générale à laquelle nous sommes déjà habitués :
comment *vivre ensemble avec nos différences*;
comment être à la fois égaux et différents? Que
nous parlions du féminisme, des rapports entre
majorité et minorités, de la place faite aux handicapés, aux sourds et aux aveugles, de la place à faire
aux cultures régionales, ou d'une révision de la
mémoire historique qui n'étouffe plus la voix des
vaincus, nous sommes toujours placés devant le
problème général : comment vivre ensemble avec
nos différences?

Eliminons au passage une fausse interprétation
des mutations qui viennent d'être évoquées. On a
beaucoup parlé de société *post-moderne*, dans des
sens d'ailleurs très divers. Cette notion ne correspond absolument pas à l'analyse qui vient d'être
présentée. En effet dans une société définie par une
polarisation principale, donc par des conflits centraux entre des acteurs qui ont consciemment des
objectifs et des valeurs différents, ce qui est bien le
cas de la société actuelle, il est impossible de parler
de post-modernité. Les grands récits de l'époque
industrielle ont été abandonnés, mais ils sont remplacés par d'autres. Donc il serait plus juste de
parler de situation hypermoderne que de post-
modernité. Habermas et Giddens ont exprimé des
vues semblables aux miennes.

78

Le problème central de la gestion sociale est donc : comment combiner égalité et différence ? Par conséquent comment *combiner* des éléments *communs* à tous, et en premier lieu des moyens de communication et des techniques, avec les formes de vie sociale et culturelle *spécifiques* des différents groupes et catégories. Comment combiner des éléments *universalistes* permettant la communication (comme l'adhésion à un raisonnement rationnel) et des pratiques ou des croyances propres à chaque *communauté* et qui n'ont aucune raison de se fondre dans une culture mondiale.

Deux positions inacceptables – Ecartons en toute priorité deux réponses inacceptables et qui pourtant occupent beaucoup de place dans le monde des idées.

La première consiste à identifier la culture d'un certain pays à la modernité et à la rationalité. Les autres cultures seraient donc inférieures ou sous-développées et on devrait aider tous les habitants de la planète à se rapprocher le plus vite possible du modèle donné par les pays occidentaux les plus modernisés. Une telle position est d'une telle arrogance qu'elle a suscité de violentes oppositions, mais elle a encore des bases fortes, aussi bien dans les nationalismes d'extrême droite que dans un républicanisme de gauche qui a souvent vu la

79

colonisation comme l'ouverture à la civilisation moderne de pays enfermés dans leur système traditionnel. Décidons clairement de rompre avec cet ethnocentrisme arrogant qui est condamné de plus en plus par les faits historiques eux-mêmes, puisqu'on voit se moderniser des sociétés et des cultures très diverses. L'Occident n'a plus le monopole de la modernité.

La deuxième position à écarter est à l'opposé de la première. C'est un *multiculturalisme extrême* qui peut aller jusqu'au *relativisme* culturel et au *différencialisme*. Cette tendance a une grande force lorsqu'il s'agit de faire respecter des coutumes alimentaires, des vêtements ou même des rites religieux. Mais quand tout est différent, aucune communication n'est plus possible. Comment celui qui parle swahili peut-il communiquer avec celle qui parle hongrois ? Comment peut-on faire fonctionner un bureau, une administration ou une usine où les uns ne travailleraient pas le vendredi, d'autres le samedi, d'autres encore le dimanche ? Dans de telles conditions il ne peut subsister que deux moyens de communication entre des cultures complètement différentes : le marché et la guerre. La logique de la seconde est plus forte que celle de la première et elle a déjà conduit non seulement à des massacres mais à des génocides. On peut certes limiter le choc, par exemple en accordant à un groupe culturel, ethnique ou linguistique un territoire propre. Un cas extrême est celui des réserves créées en Amérique du Nord ou en Australie pour protéger des populations indiennes ou autres mais les résultats ont été le plus souvent catastrophiques, comme l'ont montré beaucoup d'études nord-américaines, en particulier sur les Sioux.

La modernité et les modernisations – Nous devons maintenant apporter une réponse positive et qui aura nécessairement, si elle est acceptée, des répercussions politiques considérables. Cette réponse consiste à distinguer deux notions : *la* modernité et *les* modernisations.

J'entends ici par *modernité* la reconnaissance d'éléments de valeur *universelle* dans le comportement de tous ceux qui participent à cette modernité. Je crois suffisant d'en identifier deux : le premier est la croyance à la *pensée rationnelle,* scientifique et technique ; le second est *la reconnaissance des droits fondamentaux de tous les individus.* Ce dernier mot est essentiel. Il est assez facile de reconnaître des droits à des collectivités ou communautés, par exemple religieuses ; mais il est plus difficile de reconnaître la *liberté religieuse* de chaque individu, liberté de croire ou de ne pas croire, de pratiquer ou de ne pas pratiquer, de changer de croyance et d'Eglise, d'épouser le croyant d'une autre religion ou d'être un individu sans religion. Je ne peux pas envisager de renoncer à cet universalisme, qui nous

81

vient des *Lumières* surtout, mais aussi d'une tradition *chrétienne*. Nous aurons dans un instant à lui donner un contenu plus concret.

Par *modes de modernisation* j'entends des combinaisons, toujours diverses, d'éléments modernes et d'éléments non modernes pour transformer une société. Car nulle part et à aucune époque on n'a construit *du neuf qu'avec du neuf*; on recourt toujours à des matériaux anciens. La Grande-Bretagne est un exemple bien connu de combinaison de traditions et de hiérarchies très anciennes avec un développement fort et précoce de la science, des techniques et de l'organisation industrielle et aussi de la défense du droit individuel (*habeas corpus*). Ceux qui croient à un modèle unique d'évolution ne reconnaissent que la modernité; un multiculturalisme radical au contraire ne croit qu'à la pluralité des modes historiques de transformation, qui sont en effet très divers non seulement d'un continent à l'autre mais aussi à l'intérieur du continent européen, entre la Grande-Bretagne, pays bourgeois, la France, pays dominé par un État administratif et l'Allemagne où l'État et la nation ont été définis en termes avant tout culturels et historiques.

Le débat sur le voile islamique – La ligne de démarcation entre *la* modernité et *une* modernisation n'est pas facile à tracer, ce qui montre bien la distance qui sépare les deux notions. Un exemple historique récent éclaire cette distance : le débat français pour ou contre le port du *voile islamique* à l'école. Certains insistaient en France pour qu'on respecte la diversité des mœurs et des croyances et donc qu'on permette l'expression publique des croyances religieuses à l'école. D'autres, tout en étant favorables à cette argumentation, décidèrent de donner la priorité à la défense de l'idée de *citoyenneté*, liée à la philosophie des Lumières, sur les tendances communautaristes qui s'amplifiaient à cette époque dans beaucoup de pays et en France même. J'ai suivi ce raisonnement et, comme pratiquement tous les membres de la commission chargée de présenter un rapport au Président de la République sur ce thème, j'ai voté contre le port du voile à l'école. Cette position a été adoptée par une très forte majorité à l'Assemblée nationale et dans l'opinion publique. Il n'y eut pas de grandes manifestations hostiles à ce vote. Néanmoins l'argumentation en faveur d'une plus grande diversité culturelle garde toute sa force.

Cette analyse générale de la distinction entre la modernité et un mode de modernisation conduit à dire que la communication entre deux cultures ou acteurs culturels ne peut se faire que si des deux côtés existe la *même référence* à la modernité, c'est-à-dire à l'acceptation de la raison scientifique et à la reconnaissance des droits fondamentaux de

ALAIN TOURAINE :

chaque individu (droits de l'homme). Si une des
deux parties n'accepte pas ces éléments universalistes qui définissent la modernité, il n'y a pas de
communication possible. Situation très fréquente et
qui souvent est même reconnue par l'une des
parties ou par les deux. Je ne crois pas que la communication ait été possible entre Roosevelt et
Staline. La relation entre eux était de type guerrier
et plus précisément stratégique. Il s'agissait pour
chacun d'obtenir un avantage sur l'autre, ce qui ne
comporte aucunement la nécessité pour un démocrate de comprendre le fonctionnement et la raison
d'être d'un système totalitaire.

Une situation intermédiaire est celle où les interlocuteurs acceptent la même conception de la
raison scientifique, mais où l'un des deux ne reconnaît pas la valeur universelle des droits de l'homme
et par exemple la rejette comme faisant partie d'une
idéologie bourgeoise, donc sans valeur universelle.
Ici aussi, en dehors du champ limité des connaissances techniques, il ne peut pas y avoir de communication interculturelle.

Les droits des minorités – Il est nécessaire de
rappeler de si brûlantes vérités. Car notre expérience ne se limite pas à la rencontre de diverses
cultures qui cherchent à se comprendre entre elles,
comme par exemple des responsables de diverses

84

Églises échangeant des idées sur la vie religieuse ou encore des politiques qui se réfèrent tous au socialisme et qui ont besoin de mieux comprendre ce que les autres font des mots qu'ils emploient tous. On pourrait admettre une formule pacifique : la majorité doit reconnaître les droits de la *minorité* en tant que telle, à condition que cette minorité reconnaisse les droits de la majorité. Cette formule très libérale et qui aide à la compréhension mutuelle a pourtant des limites et soulève même des objections : la minorité qui veut être reconnue peut vouloir obliger la majorité à opérer un recul sans pour autant lui reconnaître aucun droit. Les indépendantistes luttent pour leurs droits – en matière scolaire ou religieuse par exemple – mais rejettent l'existence de l'État fondé sur une majorité avec laquelle cette minorité est en conflit. L'ETA en Espagne, les catholiques de l'Ulster ou les Catalans et les Québécois ont exercé une pression qui peut aller jusqu'à une volonté d'indépendance, mais qui même dans les cas les plus modérés n'implique aucune reconnaissance de la majorité par la minorité.

De la différence à l'altérité – La raison générale de ces comportements est qu'une différence est le plus souvent – toujours disent des ethnologues comme Louis Dumont ou Clifford Geertz – associée à *l'inégalité* et ceux qui se contentent d'être reconnus comme minoritaires et différents sont en général accusés d'accepter une domination étrangère.

L'idée de *différence*, il faut le reconnaître, est bien vague. Elle n'a dû son succès, surtout aux États-Unis, que parce qu'elle attaquait une conscience naïve de supériorité de ce pays, comme de pays européens, sur les nations dites sous-développées ou en développement. Mais aujourd'hui l'idée de différence rencontre partout l'idée d'inégalité, de sorte qu'il nous est difficile aujourd'hui de définir une catégorie sociale ou un pays uniquement par une différence alors que celle-ci apparaît si fortement liée à une inégalité.

Pour sauver l'idée de différence il faut aller en sens opposé, en reprenant le thème central de la référence commune à un esprit *universaliste* comme condition de la communication. C'est dans cet esprit qu'on parle *d'altérité,* notion qui devient ainsi presque le contraire de celle de différence. L'autre n'est pas celui qui est différent de moi, mais celui qui accepte d'une manière différente de la mienne le thème de l'universalisme comme attribut central de la modernité. Ce qui nous attire tous dans la vie privée comme dans la vie publique, c'est de découvrir un autre que moi, qui se réfère autant que moi à des valeurs universalistes et qui gère ses relations avec elles d'une manière très différente de la mienne. Le thème de la différence est alors subordonné à celui de l'altérité qui se réfère plus directement à la création du *sujet hu-*

main, sans lequel aucune communication n'est possible.

Il n'y a aucune subtilité, aucune complexité dans ce qui vient d'être dit, tant l'opposition est grande entre l'idée de différence et celle d'altérité, puisque celle-ci renvoie à l'*universalisme de la raison et des droits de l'homme comme instruments nécessaires de la communication entre les cultures,* tandis que l'idée de différence insiste au contraire sur l'absence de référence commune. Le thème de la différence ne peut être utilisé que quand il est subordonné à celui de l'altérité. Pour reconnaître une différence il faut être passé par le thème de l'altérité qui est nécessaire pour nous orienter dans ce monde mystérieux de la création de soi par soi, qui est devenue aussi la reconnaissance de la création de l'autre par lui-même.

Le cercle vicieux de Huntington – Essayons d'utiliser ces notions fortes mais difficiles à éclairer par des exemples particuliers pris dans le débat sur les rapports de la modernité et de la religion qui est le plus passionné de tous et auquel le dialogue entre Jürgen Habermas et le cardinal Ratzinger, devenu le pape Benoît XVI, a donné une expression qui a connu un grand succès. Faut-il d'abord reconnaître la contradiction entre la *sécularisation* considérée comme dimension principale de la modernité et

87

l'affirmation de domaines religieux dont chacun se considère comme dépositaire d'une vérité exclusive, surtout dans le cas des monothéistes et malgré la reconnaissance par Mahomet de sa continuité avec la Bible et Jésus ?

La question ainsi posée appelle des réponses de philosophes, mais les réalités historiques actuelles ne se satisfont pas de telles élaborations. Car la gravité dramatique des problèmes posés partout et qui font couler tant de sang est qu'on se laisse facilement glisser de la religion à la *civilisation* en prenant ce mot dans le sens très large que lui a donné Samuel Huntington, à qui cette opération, en réalité arbitraire, a permis de conclure aux chocs inévitables entre civilisations et en particulier entre la chrétienté et l'islam.

Une telle notion qui donne à la religion un rôle d'intégration et d'interprétation de tous les ordres de valeurs et de normes n'est qu'une opération idéologique. Depuis longtemps dans les pays de longue tradition chrétienne la nation de *chrétienté,* c'est-à-dire de société et de politique proprement chrétiennes, a été rejetée et depuis le XIIIe siècle surtout le conflit du pouvoir temporel et du pouvoir spirituel a dominé l'Europe occidentale, ce qui l'a opposé au monde byzantin. Olivier Roy a entièrement raison de refuser la notion d'*islam* ou de civilisation islamique pour les mêmes raisons. Il n'y a aucune correspondance directe et complète entre les croyances religieuses, des formes de pouvoir politique, des types de sociétés, des formes de vie culturelles ou d'organisations humanitaires. Nous devons écarter ces notions arbitrairement construites et les remplacer par la notion que j'ai proposée, celle de *mode* de *modernisation,* qui doit être précisée maintenant à un niveau plus proche de l'analyse historique.

Dire qu'on fait du neuf avec de l'*ancien* autant qu'avec du neuf veut dire en particulier que les communautés de croyances, les rapports entre les pouvoirs, les bases sociales d'organisation, qui sont en partie détruits dans le processus de modernisation, y sont aussi en partie réinterprétés. Par conséquent les religions définies au sens strict occupent une place importante, qui risque, certes, d'être très négative, mais peut aussi être très positive dans le processus de modernisation. C'est un des principaux enseignements de Max Weber de l'avoir découvert en explorant les fondements culturels du capitalisme, surtout anglais et américain au XVIIIᵉ siècle.

Les types de modernisation – Toute une typologie peut être construite ; sa dimension principale est probablement la nature de l'élite modernisatrice. La bourgeoisie ou une classe moyenne qui arrive au pouvoir au nom de la modernité chasse la religion liée aux anciennes élites dirigeantes. L'esprit antireligieux a éclaté au plus fort des mouvements révolutionnaires, de la *France* de 1792 à l'Union soviétique après 1917 et plus encore dans le *Mexique* de la révolution – surtout dans l'État de Tabasco – et au moment des conflits qui aboutirent au soulèvement des *Cristeros*. Une situation analogue se rencontre dans les despotismes éclairés.

Sous une forme moins violente le débordement des anciennes oligarchies par les gouvernements issus des nouvelles classes moyennes dans le sud de l'Amérique latine, en Uruguay, en Argentine, au Brésil et au Chili, a fait triompher un laïcisme organisé souvent par la franc-maçonnerie et soutenue par l'armée, comme dans la Turquie hier.

La défense des formes religieuses antérieures est parfois faible, ne s'appuyant que sur des catégories en perte d'influence. Mais lorsque l'État lui-même est faible et que les communautés religieuses sont fortes et anciennes on voit éclater la violence à la fois du côté des populations qui se sentent menacées et du côté du pouvoir dont l'action peut aller jusqu'au cas extrême du génocide arménien.

A l'inverse les gouvernements civils ou militaires qui se sont sécularisés ou rationalisés ont été plus ou moins vite débordés par des mouvements populaires, parfois purement politiques, parfois purement religieux, mais très souvent associant les deux dimensions. C'est dans l'Amérique latine contemporaine que ce dernier cas a pris le plus d'extension. Les Églises évangéliques – et les cultes directement ou indirectement d'origine africaine, du vaudou à l'Umbanda brésilienne – se sont répandus massivement dans les catégories urbaines qui compensent leur échec social par la conscience de leur supériorité morale. Elles appuient le plus souvent des régimes conservateurs ou autoritaires contre les laïcs et les révolutionnaires, qui rejettent leurs pratiques et craignent leur croissance.

La sécularisation en question – L'Europe d'aujourd'hui et les pays européanisés sont fortement dominés par le modèle de la *sécularisation* et même de la laïcité. La seule exception, toujours mentionnée, est celle des *États-Unis,* où existent pourtant de vastes secteurs laïcisés. Mais l'Amérique des prêcheurs, des *new born Christians*, de leur affirmation du caractère sacré des intérêts défendus par les États-Unis dans le monde et aussi à l'intérieur de la nation, menacée elle-même par la laïcisation et par les « péchés » apportés par ceux qui viennent de pays étrangers, de l'Europe occidentale, de l'ancien monde communiste ou des nouvelles grandes puissances d'aujourd'hui.

Les cas des violences les plus extrêmes exercées contre des populations dont l'identité est d'abord religieuse relèvent de deux types opposés. D'un côté le *racisme* communautariste et culturel de type nazi, qui s'est donné pour but la destruction totale (*Vernichtung*) des juifs et d'autres groupes humains. C'est ici l'affirmation de l'unité, de la pureté et de l'homogénéité à la fois naturelle, biologique et historique d'une race qui entraîne le génocide. Peut-être celui, moins organisé mais aussi sauvage, dont ont été victimes les Tutsis et certains Hutus massacrés par la majorité des Hutus au Rwanda, appartient-il au même ensemble?

De l'autre côté dans plusieurs parties du monde musulman c'est *l'échec* des tentatives de *modernisation nationale* qui tentèrent de bouleverser les anciennes élites en Egypte, en Syrie, en Irak, en Iran qui a entraîné la montée des mouvements islamistes, comme on l'a vu hier en Tunisie et en Algérie où ces mouvements furent détruits et au Maroc où leur influence augmente. La religion occupait peu de place dans les premiers mouvements palestiniens, d'orientation marxiste et souvent dirigés par des chrétiens orthodoxes (Habache au FPLP et Hawatmeh au FDPLP) mais les triomphes d'Israël, en même temps qu'ils entraînaient la formation de mouvements violemment anti-israéliens et le plus souvent liés à l'Iran ont provoqué l'apparition d'un terrorisme dont les auteurs-victimes sont mus par des convictions religieuses assez fortes pour les conduire à se tuer eux-mêmes, en même temps que le plus grand nombre possible de leurs adversaires.

La conclusion de ce rappel de situations très diverses est que l'analyse doit reposer non sur une définition globale, essentialiste, des religions fermées sur elles-mêmes par la conviction d'être dépositaires d'un message divin, mais sur la notion plus ouverte de mode de modernisation, ce qui oblige ce type d'analyse à reconnaître l'existence d'une notion de *modernité,* dont les composantes principales sont la pensée *rationnelle* et les *droits universels* de chaque individu. C'est à la charnière de ces deux ordres d'analyse que se placent les recherches les plus difficiles, auxquelles contribuent aussi bien les philosophes politiques et les historiens que les sociologues ou les politologues. C'est là en effet que s'élève la controverse la plus passionnée : doit-on s'en tenir à la comparaison entre divers types historiques, ce qui est relativement facile mais n'apporte pas de vraie réponse à la question de la communication entre situations historiques ou entre cultures car toutes ont une dimension subjective de croyance et de conviction, ou faut-il reconnaître la priorité à un concept de modernité qui repose sur la rationalisation et les droits de l'homme et sans la présence duquel rien ne peut garantir la communicabilité des discours et des pratiques culturelles. J'ai déjà dit que je me range parmi ceux qui défendent l'idée de modernité avec ses exigences universalistes et sans laquelle la *défense des différences enfermerait dans l'incommunicabilité.*

Les figures du mal – On comprend plus facilement les idées présentées ici, en particulier l'idée des droits humains qui est indispensable à la communication interculturelle, en faisant voir le contraire de ces éléments. Dans les sociétés industrielles c'est l'exploitation de tous et de tout pour accumuler les plus grands profits possible qui est la figure principale du mal.

Comment nommer le mal dans cette société qu'on a appelée post-industrielle ou société de la communication ou de la connaissance ? Un mot suffit : *communautarisme*, c'est-à-dire la soumission de l'individu aux intérêts, à l'autorité, aux croyances et aux pratiques d'une communauté. Ce mot est indispensable car il définit le mal en termes culturels et non plus sociaux. Totalitarisme, racisme, ségrégation, refus des droits personnels et en particulier ceux des femmes et des membres de diverses minorités : ces mots sont assez chargés de mort pour qu'on les comprenne aisément. Tout ce qui enferme l'individu dans un groupe ou une communauté, tout ce qui lui refuse la liberté d'expression, de choix, en particulier religieux, porte en soi le mal absolu. Partout et toujours la dérive communautariste existe et doit être condamnée absolument. La Terreur fut une dérive particulièrement répressive de la Révolution française ; elle fut le contraire des textes et de l'esprit de la Constituante.

Le léninisme et ses descendants, stalinisme, maoïsme ou de plus petits monstres comme le Parti communiste français, ont détruit le mouvement ouvrier, pas seulement à Barcelone pendant la guerre civile espagnole. Il ne doit pas y avoir de compromis avec le communisme, sauf quand des communistes demandent à entrer librement et individuellement dans le monde des droits de l'homme. De telles formules semblent excessives, maintenant que le système soviétique s'est écroulé mais de très petits groupes peuvent encore exercer une forte influence comme le montre la place occupée depuis longtemps par les groupes trotskistes en France.

Toute politique qui se donne comme objectif principal de renforcer les communautés et d'accroître leur contrôle sur ses membres est dangereuse. Là où la critique se retourne contre elle-même et devient encore plus dangereuse c'est quand on rejette en bloc des cultures ou des civilisations qu'on a construites pour les combattre mais dont on fait une réalité historique. Quand on évoque *l'esprit* d'un parti ou d'une école, d'un pays ou d'une Eglise, on cède toujours à cette tentation. Le rejet que j'exprime ici en termes très nets est d'autant plus nécessaire que nous venons d'une longue tradition où le collectif était considéré comme « à gauche et en bas », contre l'individualisme qui était, lui, « à droite et en haut ». Certes, il faut défendre l'idée de souveraineté populaire, mais à condition de ne pas soutenir ceux qui parlent en son nom pour s'attribuer un pouvoir absolu. Ce communautarisme qui en appelle au peuple a mené à des nationalismes guerriers tout autant qu'à la conception dangereuse de la dictature du prolétariat. Nous vivons un changement de culture et de vocabulaire politique qui ne peut être ni retardé ni limité par des concessions. L'opposition entre *la liberté et l'enfermement communautaire* est plus importante que tout autre couple d'opposition.

Les responsables politiques doivent prendre ici des positions claires. La droite et l'extrême droite concentrent leur pression sur le gouvernement dans le domaine de l'immigration, identifiée à l'insécurité, voire même à une menace politique. La charge idéologique, le plus souvent raciste, de cette pression est d'autant plus évidente que la France est à l'heure actuelle un pays de faible immigration, alors que l'Italie, l'Espagne et surtout les États-Unis et le Canada sont des pays de forte immigration et qui ne connaissent pas de menace particulière. Même s'il ne faut pas céder à la facilité des discours sur la France « terre d'accueil », il faut s'opposer de manière radicale à tout ce qui fait d'elle un pays d'intolérance et de rejet.

L'IMPORTANT
C'EST DE SAVOIR OÙ
NOUS VOULONS ALLER ENSEMBLE

Ségolène Royal

Toutes les questions que vous posez dans cette rencontre, Alain Touraine, remuent les profondeurs de notre identité et les doutes qui nous tenaillent à l'heure de la mondialisation.

Qu'est-ce qu'être Français aujourd'hui?

Pour ma part, je traiterai cette question dans un agencement différent en partant du monde pour en venir à la nation. Cela paraîtra peut-être paradoxal mais, pour partir du monde, je voudrais livrer un témoignage sur les pêcheurs. Je voudrais ainsi montrer à quel point le global est présent dans le local. Qu'il me soit donc permis de faire le récit de mes rencontres avec les pêcheurs de La Rochelle.

La Rochelle, port de pêche, mercredi 21 mai

2008. Nous sommes avec Maxime Bono, maire de
La Rochelle, avec des pêcheurs sinistrés. La veille,
ils ont cassé les étals de poisson. La Région décide
de débloquer des fonds d'urgence pour pallier
l'inertie gouvernementale. Un marin me montre sa
feuille de paie : 5,81 euros pour dix jours de mer à
cause de la hausse des carburants ! S'ajoute à cela
l'importation de poissons moins chers. Avant de
repartir, l'un de ces ouvriers de la mer, fiers de leur
métier, pudiques, durs à la tâche, blessés dans leur
dignité de pères de famille, me retient par la manche et me glisse à l'oreille : « Vous savez, madame
Ségolène, certaines femmes de pêcheurs font la
manche au pont de l'île de Ré, pour pouvoir faire
manger les enfants. Et nous, on a honte de rentrer à
la maison, on reste sur le barrage de grève. »

Vous avez raison, Alain Touraine, de commencer
par le social, relié à la globalisation. Mais je voudrais aller plus en amont encore : l'incompréhension, l'angoisse, la colère ou même le fatalisme
sont tels, dans toutes les professions sinistrées et
même dans celles qui ne le sont pas encore, qu'il
me faut m'arrêter sur cette question un peu plus
longuement.

*La mondialisation ne profite qu'à quelques-
uns : pourquoi et comment faire pour qu'il en soit
autrement ?* – La mondialisation a échoué. Alors

qu'il y a vingt ans elle était censée améliorer les conditions d'existence des populations les plus défavorisées à travers le monde, force est de reconnaître qu'aujourd'hui la situation des pays les plus pauvres a encore empiré. Non seulement leurs gains ont été moindres dans la mondialisation que ceux de l'Europe ou des États-Unis, mais, surtout, ils se sont encore appauvris. Cette asymétrie est selon moi le premier facteur explicatif du rejet que suscite aujourd'hui la mondialisation et qui est à comparer au large enthousiasme qui l'entourait il y a à peine quinze ans. Le prix Nobel d'économie Joseph Stiglitz [1], qui a démissionné de la Banque mondiale en 1999 pour dire son désaccord avec les politiques menées sous l'impulsion du FMI, est parmi ceux qui ont identifié le plus précisément la nature de cette distorsion et les raisons de l'échec et du rejet de la mondialisation. Je voudrais faire partager ici les explications qui m'ont semblé les plus convaincantes.

Il y a vingt ans, certaines convictions en économie étaient devenues des dogmes. Beaucoup pensaient par exemple que la libéralisation du commerce et des marchés financiers suffirait à créer les conditions d'une augmentation générale et équita-

---

1. Joseph Stiglitz a reçu le prix Nobel d'économie pour ses travaux sur l'asymétrie d'information. Ici, je m'appuie surtout sur ses récents ouvrages : *Globalization and Its Discontents* (W.W. Norton & Company, 2002) et *Making Globalization Work* (W.W. Norton, 2006).

blement répartie du niveau de vie. Par exemple, la libéralisation et, par là même, l'intégration des marchés financiers, devait permettre une plus grande stabilité de l'économie mondiale. Fort de cette certitude, le FMI a même contraint certains pays à ouvrir leurs marchés aux flux financiers de court terme qui sont, par définition, très déstabilisants pour les économies locales. Or – et la crise des subprimes en est l'illustration la plus récente – force est de constater que les marchés mondiaux ont été très instables ces dernières années.

De même, l'abaissement des taxes douanières devait permettre l'augmentation du commerce qui, elle-même, était censée engendrer dans le monde entier la hausse de la croissance et l'amélioration des conditions de vie des plus défavorisés. Mais aujourd'hui, dans la plupart des pays en voie de développement, on peut constater que la libéralisation du commerce n'a pas entraîné l'augmentation du commerce. La raison en est simple : s'il n'y a pas de ports, ou s'il n'y a pas de routes pour amener les produits aux ports, s'il n'y a pas d'équipements, il est tout simplement impossible d'exporter. Les barrières douanières ne sont rien en comparaison des barrières structurelles qui maintiennent les pays en voie de développement à l'écart des bénéfices de la mondialisation.

Il est troublant de constater que les pays industrialisés ont souvent, par leur comportement, encouragé la mondialisation asymétrique. Ainsi ce sont eux qui, en demandant et en obtenant des pays les plus pauvres la diminution de leurs taxes douanières, ont augmenté l'influence sur les échanges des barrières structurelles.

Pour être parfaitement claire, je voudrais reprendre à Joseph Stiglitz deux exemples qui permettent de montrer quelle a été la responsabilité des pays industrialisés dans l'« asymétrisation » de la mondialisation.

Premier exemple : les subventions agricoles – Ces quinze dernières années, la Banque mondiale et le FMI, soutenus par les pays les plus industrialisés, ont souvent exigé des pays en voie de développement qu'ils suppriment leurs subventions alors que, dans le même temps, les pays développés ne le faisaient pas chez eux. Le maintien par l'Europe et les États-Unis de leurs subventions agricoles a été l'une des raisons principales de la diminution des revenus des pays les plus pauvres où l'agriculture fait vivre plus de 80 % de la population. Par une relation de cause à effet, plus les pays industrialisés subventionnent leur agriculture, plus les prix payés aux paysans des pays pauvres diminuent. Dans *Making Globalization Work*, Joseph Stiglitz illustre le caractère ubuesque de ces situations par l'exemple de « la vache européenne » : une vache reçoit en moyenne 2 dollars de subventions par jour ; or, 40 % de la population mondiale vit avec moins de 2 dollars par jour. D'où il conclut, non sans ironie, qu'il vaut mieux être une vache dans un pays riche qu'un paysan en Afrique. L'écart serait encore plus spectaculaire si l'on prenait comme référence les subventions à l'hectare de maïs !

Des mesures protectionnistes viennent aggraver ce commerce inéquitable. Il y a une dizaine d'années, les États-Unis ont essayé d'empêcher l'importation d'avocats du Mexique, prétextant qu'ils étaient « pleins de micro-mouches ». Les Mexicains ont d'abord affirmé qu'ils ne pouvaient pas les voir, et ont demandé aux Américains d'envoyer leurs inspecteurs. Ceux-ci n'ayant rien trouvé ont dit qu'elles étaient trop petites. Finalement, les Mexicains ont demandé une autorisation d'importation à Boston, en plein hiver, soulignant qu'à cette période de l'année, à peine la porte du conteneur serait ouverte que le froid tuerait les micro-mouches. A nouveau, les États-Unis ont refusé. C'est qu'il y a un jour en janvier où les Américains mangent plus d'avocats que tout le reste de l'année : le jour du Superbowl où, pendant quatre heures, ils mangent du guacamole sans s'arrêter !

Ce sont des milliards d'euros d'exportations des pays en voie de développement qui sont ainsi bloqués aux frontières de nos pays par ce type de restrictions phytosanitaires.

Deuxième exemple : la Sécurité sociale – C'est une anomalie démocratique qui explique bien des problèmes, comme le montre un autre exemple spectaculaire, sur la protection sociale. L'administration Bush a voulu privatiser la Sécurité sociale. Il y a eu un débat démocratique. Une vaste opposition à ce projet s'est alors manifestée. Les citoyens américains ont compris que la privatisation augmenterait leur insécurité, le nombre de pauvres, et les coûts de fonctionnement. Eh bien, du fait de ce débat, la privatisation n'a pas eu lieu. Dans le même temps pourtant, en dehors de tout processus démocratique, le FMI et le Trésor américain ont exigé la privatisation de la Sécurité sociale dans beaucoup de pays en voie de développement. Prenons l'exemple de la crise qu'a traversée un pays que je connais bien, l'Argentine, en 2001. Pour les principaux représentants des institutions de Bretton Woods, cette crise était due au déficit de l'État. En fait, ce déficit n'était que de 3 %, c'est-à-dire inférieur à celui des États-Unis aujourd'hui. Mais presque tout ce déficit provenait de la privatisation de la Sécurité sociale exigée par le FMI. Il est ainsi possible d'affirmer que la crise dramatique qu'a traversée l'Argentine a été créée par des intérêts extérieurs et par la privatisation de la Sécurité sociale. S'il y avait eu un débat démocratique, une telle privatisation eût été impossible.

103

Le déficit démocratique explique aussi bien des désastres environnementaux. Ces dernières années la question s'est posée dans de nombreux pays de savoir s'il était judicieux de créer des « droits à polluer » soi-disant dissuasifs pour les entreprises. Ces droits ont une valeur sur le marché, se revendent et vont au plus offrant. Contre ce droit inventé par ceux qui s'opposent à l'intervention de l'État dans la protection de l'environnement, il y a un autre système, c'est celui du droit pour les citoyens, imposé par des normes réglementaires, de jouir d'air ou d'eau propres, de sols non pollués. Si un débat démocratique avait lieu pour trancher entre ces deux droits, nul doute qu'en sortirait l'affirmation que tout citoyen a le droit d'avoir un air propre et que, aussi puissantes soient-elles, les entreprises ne possèdent pas l'atmosphère. Pourtant, comme le prix Nobel le rappelle souvent, des accords internationaux tels que ceux de l'ALENA [1] ont entériné le droit de polluer. Il y est même stipulé que les investisseurs étrangers ont plus de droits de polluer que les nationaux. Au Mexique, par exemple, les investisseurs américains ont plus de droits de polluer que les investisseurs mexicains. Les réglementations sur l'environnement ont ainsi été délibérément bridées à un niveau de décision qui n'était plus démocratique. Plusieurs situations

---

1. Accord de libre-échange nord-américain (ou *North American Free Trade Agreement*), entré en vigueur le 1ᵉʳ janvier 1994.

parfaitement absurdes en ont résulté, comme l'obligation de dédommager des propriétaires de terrain
au Mexique qui perdaient le droit à polluer les sols !

De même, il est bien entendu de la plus grande
importance de reconnaître et de garantir la propriété
intellectuelle des chercheurs, des écrivains et des
créateurs. Mais cette reconnaissance doit être équi-
librée, c'est-à-dire qu'elle doit prendre en compte les
droits des bénéficiaires des innovations. Or, trop
souvent, des situations de monopole sont créées par
des droits de propriété intellectuelle trop forts.

Si l'on avait pu voter contre l'application
actuelle de la propriété intellectuelle aux médicaments génériques contre le sida, qui empêche que
les Africains aient accès à ces médicaments, il est
évident que ce système aurait évolué puisque le
coût d'une année de médicaments contre le sida aux
États-Unis est de 10 000 dollars alors que le coût de
production est de 300 dollars. Donc les profits des
industries pharmaceutiques valent plus que la vie.
On pourrait raisonner de la même façon pour les
OGM avec le problème de la propriété des
semences.

L'une des causes premières de l'échec de la
mondialisation est le déficit démocratique qui a
placé les intérêts financiers des grandes compa-
gnies au-dessus de valeurs telles que l'environnement, la démocratie et la vie elle-même. Dans ces
conditions, notre tâche devient celle-ci : démocrati-

ser la mondialisation. Et définir les règles d'intérêt général qui doivent régir l'accès aux biens publics mondiaux, c'est-à-dire à tout ce qui est lié à la vie humaine. Trop longtemps, nous avons oublié que la mondialisation possédait plusieurs dimensions, non seulement économique, mais aussi culturelle : intellectuelle, environnementale et politique. Trop longtemps, nous n'avons considéré la mondialisation que comme un phénomène économique. Il est temps de réaliser, à côté, et je dirais même au-dessus de la mondialisation économique, la mondialisation politique. Je sais déjà ce qu'on me répondra : utopie ! Peut-être, mais la politisation et la démocratisation de la mondialisation sont une utopie nécessaire. La mondialisation, c'est en effet l'intégration des pays entre eux, par l'abaissement du prix des transports, du coût des communications, des barrières douanières. Mais cette intégration signifie que nous sommes devenus interdépendants. Pour le dire très simplement : les décisions prises à Wall Street ont des conséquences sur la vie d'un paysan burkinabé. Seule une démocratisation de la mondialisation pourra prendre la mesure de cette interdépendance.

La Société des nations et l'Organisation des Nations unies ont été mises en place après les terribles conflits mondiaux. Les guerres futures et la montée des violences proviendront des luttes pour le contrôle de l'eau, des ressources naturelles. Les écarts de vie insolents renforcent les intégrismes et les obscurantismes. Dès lors, l'utopie d'une gouvernance démocratique de la mondialisation n'est pas seulement réalisable. C'est la condition du maintien de la paix et donc de notre avenir.

Pour conclure, nous devons faire objectivement le bilan de la mondialisation à ce jour. Ce bilan, pour générer une action réaliste, doit s'accompagner de la reconnaissance de l'irréversibilité du phénomène. Notre seule option est de la faire fonctionner dans le sens de l'intérêt général. Pour cela, notre première tâche est de la démocratiser. Un tel projet ne naîtra pas de l'opposition des pays riches et des pays pauvres, mais de leur alliance. En revanche, elle résoudra la contradiction qui existe aujourd'hui entre les intérêts particuliers des plus puissants comme des autres, et les intérêts de l'ensemble des citoyens de notre monde et ceux des générations futures.

La bonne mondialisation existe pourtant. Susan Berger [1] du MIT, que j'ai rencontrée dans son laboratoire avec son équipe, a fait pendant cinq ans une passionnante enquête sur les stratégies des entreprises dans la mondialisation, en Europe, en Amérique et en Asie. Elle montre que, pour un même type de produits, des entreprises également profitables font des choix différents : les unes sous-traitent dans les pays à bas salaires la quasi-totalité de leur produc-

---

1. Susan Berger, *Made in Monde. Les nouvelles frontières de l'économie mondiale* (Le Seuil, 2006).

tion, les autres pas car la compétitivité ne se réduit jamais au coût du travail, mais résulte d'un ensemble plus complexe de facteurs. Ces perspectives ouvrent des pistes optimistes : il n'y a pas de fatalité aux délocalisations ni de modèle unique de performance. La France n'est pas démunie, loin de là, elle est même attendue pour des coprojets industriels. Je l'ai constaté en Inde, non seulement à Pondichéry, porte ouverte sur le continent et qui pourrait être tellement mieux valorisé, mais aussi à Delhi. J'y ai ressenti, après des heures d'entretien avec le Premier ministre indien Manmohan Singh puis avec Sonia Gandhi, une telle attente à l'égard de la France – ainsi qu'une stupéfaction mêlée de consternation chez tous mes interlocuteurs à l'égard de la dégradation de l'image présidentielle française. Tant d'atouts, au fond, gaspillés, et tant de choses à faire, en respect et en coopération intelligente, car l'économie partenariale se décide aussi par une autre diplomatie.

C'est tout l'enjeu de la période actuelle où le politique doit rattraper son retard sur l'économique qui tend à dicter sa loi. Le monde a profondément changé. Les nations émergentes – émergées, de-vrait-on plutôt dire – rebattent les cartes de la concurrence mondiale. De nouveaux rapports de forces s'affirment mais aussi de nouvelles oppor-tunités de coopération gagnant-gagnant, y compris avec les continents émergents, Inde et Chine. Il faut à ce monde-là de nouvelles règles, de nouvelles sécurités pour que la mondialisation ne soit pas, à court terme, une course destructrice au profit mais une chance de progrès partagé. C'est, pour moi, tout le rôle de la puissance publique et tout le sens du projet européen tel que je le conçois.

Maîtriser la mondialisation pour l'orienter dans le bon sens, c'est, j'en conviens, une œuvre de longue haleine. La bonne mondialisation, c'est celle qui introduira dans les règles de l'Organisation mondiale du commerce (OMC) le respect de normes sociales et environnementales, celle qui réformera le FMI et la Banque mondiale pour en faire des instruments au service du développement humain, celle qui mettra en place une taxe sur les flux financiers, celle qui créera une Organisation mondiale de l'environnement et promouvra l'idée d'une Politique agricole commune (PAC) mondiale pour organiser les marchés de manière plus juste et donner une vraie chance à l'agriculture des pays en développement. Je ne sais pas à quel rythme nous y parviendrons, je ne sais pas si l'histoire connaîtra une de ces brusques accélérations dont elle a le secret ou si l'humanité, souvent peu capable de réformer à froid, différera longtemps encore les décisions nécessaires. Mais j'ai une certitude que nous sommes nombreux à partager : il n'est pas d'autre direction à suivre que de peser de toutes nos forces pour l'avènement d'un ordre international juste et des outils qui lui sont nécessaires.

Notre identité est perturbée en profondeur par

une autre mutation, qui met en cause la place et le rôle de l'Occident.

Un monde multipolaire remplace l'hyperpuissance américaine. Et dans l'inconscient des Européens, ces mutations produisent de l'insécurité. Je suis convaincue que les signes déplacés de Nicolas Sarkozy vers George Bush n'étaient pas le fait du hasard. Il s'agissait de rassurer en « raccrochant » la France à l'Occident. C'est une erreur. Je pense au contraire qu'en comprenant mieux les évolutions diplomatiques, on peut définir de nouvelles stratégies gagnantes pour l'Europe.

La désoccidentalisation du monde change la donne – L'hyperpuissance américaine, c'est fini, et le monde devient multipolaire.

Les États-Unis restent la première puissance militaire du monde mais ils montrent leur incapacité à agir efficacement sur plusieurs théâtres d'opérations à la fois.

La guerre en Irak est devenue non seulement le symbole manifeste de la bêtise et des mensonges de l'administration Bush, mais l'accélérateur d'une crise morale sans précédent où tout se mêle : les restrictions aux libertés dans la foulée du 11 septembre, les mensonges désormais établis servant de prétexte à l'invasion de l'Irak sans mandat du Congrès, la guerre civile et le terrorisme attisés par la présence américaine, les internés sans procès de Guantanamo, la torture avalisée au nom de la défense de la démocratie, la surpopulation carcérale (dans des « prisons de la misère » massivement peuplées de jeunes Afro-Américains), l'augmentation croissante des condamnés à mort, etc.

Les États-Unis attirent toujours les meilleurs cerveaux du monde mais leur démocratie a le blues.

Sur le plan social (la grande question, avec l'Irak, mise en avant dans la campagne des Démocrates), le niveau décourageant atteint par les inégalités, les protestations contre les salaires faramineux et les parachutes dorés des patrons, les baisses d'impôts favorisant les plus riches, le coût des études et des médicaments, la stagnation des salaires, tout cela fait que la critique de l'immoralisme du système et l'inquiétude des lendemains gagnent les couches moyennes qui, elles aussi, souffrent.

Sur le plan économique, Patrick Artus montre qu'à l'exception du secteur des hautes technologies, l'industrie américaine est devenue non compétitive (pertes de marchés et d'emplois).

Obligés d'emprunter de plus en plus au monde pour financer leur déficit croissant, les États-Unis peuvent certes profiter de l'hégémonie du dollar pour réduire leur dette en le dépréciant, mais cette position de débiteur du monde est fragile : il a suffi d'un éclatement de la bulle immobilière pour que la récession pointe le nez.

Mais le fait majeur, c'est que la Chine est aujourd'hui le principal créditeur du déficit américain et dispose des plus grosses réserves mondiales de dollars : elle tient les États-Unis par le nerf de la guerre et ceux-ci n'ont plus de capacité de rétorsion ou d'influence.

Une page se tourne. La nouvelle politique diplomatique américaine fera, je l'espère, reculer leur rigidité dans les organisations ou enjeux internationaux (Kyoto, OMC, Tribunal pénal international) et les conduira à sortir de leur inertie dans la crise du Moyen-Orient. Le monde a besoin d'une autre Amérique.

Un monde multipolaire se dessine.

Il faut en comprendre les grandes tendances pour en tirer le meilleur parti pour la France, pour l'Europe et pour la paix.

Les socialistes ont une voix originale à faire entendre : notre passion française de l'égalité nous prédispose, si nos actes correspondent à nos mots, à porter un message en phase avec les aspirations humanistes que nous voulons voir progresser dans les nouveaux mondes.

Notre modernité à gauche nous conduit à miser sur le seul avantage concurrentiel durable, le capital humain : éducation, formation, recherche, culture. Non pas au nom d'une conception de la division internationale du travail dépassée, mais parce que seule la capacité d'invention, d'imagination, d'innovation nous donnera un temps d'avance et nous permettra de créer les emplois de demain.

Le monde se réorganise en grands ensembles. Je

veux affirmer ici que l'Europe a tout ce qu'il faut pour jouer un rôle essentiel, à condition de ne pas être le dernier refuge de l'idéologie ultra-libérale, et de s'organiser comme un espace de souveraineté et d'efficacité de la puissance publique : protégeant les siens, dialoguant d'égal à égal avec les puissances, anciennes et nouvelles, d'un monde multipolaire qui peut être un facteur de stabilité ou d'instabilité selon l'intelligence que nous aurons de ses lignes de forces, de ses aspirations légitimes (le respect) mais aussi des limites à marquer quant à l'inacceptable (terrorisme, dumping sauvage, atteinte aux droits sociaux, environnementaux et démocratiques).

L'Afrique est notre avenir – Vivre ensemble, c'est aussi regarder en face les questions de l'immigration.

Les migrations de la misère, les déplacements de population ne trouveront de solution que dans le développement des pays pauvres et surtout du continent africain. Notre avenir commun est évident.

Ce serait trop long de dire ici tout ce que j'en pense, tout ce qu'il y a à faire.

J'ai gardé, avec l'Afrique où je suis née, un lien profond alors même que je n'y suis retournée que rarement. J'ai retrouvé pour la première fois ce lien de ma naissance il y a un peu plus d'un an seulement. J'ai ainsi renoué avec mon point d'origine, aussi fort que le village vosgien de mon enfance, Chamagne (ce sont deux jambes, africaine et rurale, si différentes et si semblables). J'ai puisé beaucoup de force dans l'accueil très chaleureux que m'ont réservé les habitants, ici et là.

C'est parce que j'aime l'Afrique que je ne me résigne pas aux conflits, aux massacres, au sous-développement et aux régimes dictatoriaux. Parce que j'aime l'Afrique, je veux rompre avec la vieille politique néocoloniale de la France, qu'on a appelée la « FrançAfrique », nourrie d'affairisme et de ce mépris paternaliste qui voudrait que la démocratie ne puisse jamais être le choix des peuples du continent africain. Le chanteur ivoirien Tiken Jah Facoly a fait là-dessus une très belle chanson et j'ai eu l'occasion de lui dire combien je la trouvais juste.

Je ne pense pas pour autant que la France doive banaliser sa relation avec l'Afrique. Des Africains vivent en France, des Français vivent dans des pays africains. Nous nous sommes enrichis mutuellement sur le plan culturel. Nos peintres et nos sculpteurs du XXᵉ siècle ont une dette envers l'art africain. Nos musiques actuelles doivent beaucoup aux rythmes d'Afrique et à l'art des griots.

Pourtant, une relation privilégiée ne signifie pas une relation inchangée. La France a trop longtemps soutenu des régimes inefficaces et corrompus. Les jeunes Africains veulent la démocratie et un État efficace au service des populations. Eux aussi s'emparent d'Internet et de tous les moyens modernes de communication pour s'exprimer. La France doit entendre cette aspiration à la démocratie et à la transparence.

L'Afrique subsaharienne est une des zones les plus pauvres du monde. C'est d'autant plus insupportable qu'il n'y a pas de fatalité. Les remèdes sont, pour l'essentiel, entre les mains des Africains. Sans la concorde à l'intérieur du pays et la paix avec les voisins, il n'y a pas de développement possible. Sans un contexte économique et social ouvert aux investissements, nationaux et étrangers, et sans un État capable de piloter les transitions, d'en maîtriser le rythme, de bâtir les infrastructures et les services publics nécessaires, il n'y a pas de vrai développement possible. Il faut tenir parole sur le montant de l'aide, mais aussi mieux organiser, bannir les corruptions et les bureaucraties dévoreuses de l'aide (autant jeter les billets par le hublot d'un avion, il en arrivera plus sur le terrain concerné !).

Beaucoup des projets que j'ai vus au Sénégal ou au Mali sont représentatifs de formes nouvelles que peut prendre l'appui au développement, dans une logique de partenariat. Ils sont ciblés sur des secteurs clés (éducation, santé, énergie, agriculture, environnement, culture, microcrédits) et atteignent directement les populations. C'est cela qu'il faut mettre davantage en pratique. Le développement de l'Afrique sera l'œuvre des Africains. Des coopérations décentralisées garantissent les circuits courts.

Le défi écologique – Et la question écologique est étroitement liée à la question du développement, c'est pourquoi je voudrais ici l'aborder avec gravité, avant de revenir sur la question des migrations de la misère.

Il y a à l'échelle de la planète un milliard d'êtres humains qui n'ont pas accès à l'eau potable. Il y a tous les jours 50 000 personnes qui meurent parce qu'elles n'ont pas accès à l'eau potable. Voilà l'état de la planète.

Alors l'enjeu de la lutte contre le réchauffement climatique, qui a fait l'objet de tant de discours et de si peu d'action au cours de ces dernières années, oui, la bataille contre le réchauffement climatique est un enjeu considérable. Il n'y aura plus de banquise l'été au Pôle nord d'ici dix ans. Canicule, cyclone, élévation du niveau de la mer, impact sur la santé…

Après avoir été discutée, contestée pendant des années (je m'y étais heurtée comme ministre de l'Environnement), l'évidence du réchauffement climatique est enfin considérée comme un fait avéré, de même que le fait qu'il est le résultat direct des activités humaines. S'y ajoute une perte sans précédent de biodiversité, puisque nous vivons à l'heure actuelle la sixième extinction majeure des espèces, la plus importante depuis la disparition des dinosaures, il y a 65 millions d'années. Nous connaissons le scénario catastrophe qui est en train de s'écrire, et nous restons les bras croisés, ou presque. Et le temps presse.

Les choix majeurs se jouent dans les dix ou quinze prochaines années. Soit le changement radical de notre modèle de développement est anticipé et choisi, soit il sera subi et imposé par les faits, avec des ravages considérables. Il faut donc anticiper le choc écologique, tout de suite.

J'ai vécu personnellement ce retard, cette lenteur de l'État, ces résistances qu'il faudra lever sur tout le territoire national. Lorsque, en 1992, ministre de l'Environnement et déjà anticipant l'après-pétrole, j'ai demandé une décision gouvernementale imposant à EDF d'investir 10 % de ses bénéfices dans l'énergie solaire et d'investir dans la voiture électrique, j'ai recueilli indifférence ou commisération. La France, quinze ans après, serait aujourd'hui à la pointe des technologies propres et donc sans nul doute un pays en très forte croissance. Aujourd'hui, je construis avec la région le lycée Kyoto, premier lycée d'Europe entièrement autonome en énergie, et depuis mon élection, sept lycées sont chauffés au bois. Lorsque j'ai voulu, dans ma région, construire une usine de biocarburants, il a fallu que j'attende trois années l'autorisation de l'État central. En Espagne, une décision comme celle-ci se prend en trois mois. C'est ce que je vous disais tout à l'heure : la réforme des institutions, que chacun le comprenne bien, la réforme de l'État, que chacun l'entende bien, ce n'est pas une affaire de spécialistes ou de juristes, ce n'est pas quelque chose qui va ralentir les réformes dont la France a besoin. Au contraire, c'est une exigence impérative pour que les décisions politiques soient rapides, que nous puissions anticiper, pour que la France garde un coup d'avance sur les emplois du futur, tout simplement pour que la France reprenne la main et rattrape son retard dans tous les domaines de l'économie et de l'intelligence. Et que les pays les plus pauvres puissent bénéficier des technologies propres.

Le réchauffement planétaire qui engendre des misères plus grandes au sud devient l'une des raisons les plus violentes des migrations. C'est pourquoi j'ai choisi ici de lier les deux problèmes pour sortir l'écologie des préoccupations marginales de pays nantis ou de catégories sociales privilégiées.

Quelle politique de l'immigration ? – Tous les citoyens d'Europe ont, disons-le, peur de l'immigration. L'ampleur des flux migratoires est, compte tenu des inégalités de développement, sans précédent. Il y a dans ces peurs un fonds de commerce inépuisable pour la droite. Un débat dépassionné et pragmatique montrerait pourtant que c'est un problème difficile et que les efforts à fournir sont immenses. Et surtout que la maîtrise de l'immigration n'est pas possible sans un partenariat avec les pays du Sud. Il faut avoir le courage de dire franchement cette vérité. C'est la meilleure réponse aux peurs.

Je trouve déplacé de parler systématiquement d'immigration « subie » comme si l'immigré était un fléau s'abattant sur la France et notre pays – avant la droite – un territoire sans règles sur le séjour des étrangers.

Notre économie doit beaucoup à ceux qui sont venus d'ailleurs travailler dur chez nous, dans les mines, le bâtiment, l'industrie automobile, la sidérurgie, l'agriculture, les services, même le ménage de l'Assemblée nationale, et bien d'autres secteurs. Avec nous, ils ont reconstruit le pays. Avec nous, ils contribuent aujourd'hui à produire notre richesse nationale. Je n'accepte pas ces mots qui mentent et qui blessent. Mais ce vocabulaire a une fonction : tenter de justifier la fébrilité législative d'un gouvernement qui fait voter loi sur loi au sujet de l'immigration et accentue le désordre là où des règles simples et une approche pragmatique seraient à la fois plus humaines et plus efficaces.

Quant à l'immigration « choisie », que cache-t-elle en réalité ? Si, comme le prétend la droite, il s'agit de favoriser une immigration de travail utile à la France, il n'était pas nécessaire de légiférer. Il suffit de donner des instructions précises aux services chargés de délivrer les titres de travail et de leur fournir les moyens, humains et matériels, d'accomplir leur tâche. Ces outils réglementaires existaient mais la droite a abrogé la circulaire de 1998 qui permettait de faire venir temporairement, dans des professions précises, les travailleurs dont nous avons besoin et elle ne s'est pas servie des autres textes disponibles. Résultat : des entreprises et des laboratoires empêchés de recruter, une baisse continue de l'immigration régulière de travail, notamment qualifiée, et une augmentation, depuis 2002, de cette immigration à vocation permanente qu'on prétend réduire !

Au fond, le gouvernement actuel a une conception très archaïque des besoins de l'économie, qui repose sur l'illusion technocratique d'une planification rigide. Les pays qui ont fait ce choix s'en mordent les doigts car, dans le monde d'aujourd'hui, il faut être plus réactif. Regardez les conséquences des politiques de quotas en Espagne et en Italie : dix fois plus de candidats que de postes à pourvoir et des flux abondants d'immigration irrégulière qui ont obligé à des régularisations, ce qui est toujours le signe de l'échec d'une politique d'immigration. Les pays qui réussissent le mieux sont ceux qui ont su simplifier et accélérer leurs procédures. Au Royaume-Uni, le ministère de l'Intérieur répond en quinze jours aux dossiers de recrutement des entreprises.

Pour réduire l'immigration illégale, il faut d'abord un bon système d'immigration légale. Je vous donne un exemple : que fait un travailleur saisonnier quand son visa expire et qu'il craint de ne pouvoir revenir une prochaine fois travailler en France ? Il y reste et bascule en situation irrégulière. Voilà pourquoi je propose la création d'un véritable droit à l'aller et retour qui ne s'arrête pas au milieu du gué comme le visa de trois ans créé pour les saisonniers. Ce visa aller-retour de longue durée permettrait de répondre de manière plus fine et plus rapide aux besoins de notre économie. Il concernerait les plus qualifiés comme les moins qualifiés et constituerait une alternative au pillage définitif des cerveaux et des talents dont les pays d'origine ont, eux aussi, besoin pour avancer. C'est la raison pour laquelle je souhaite que les Régions, qui sont au contact des entreprises et connaissent les réalités du terrain, soient impliquées aux côtés des préfets dans un pilotage en temps réel de l'immigration de travail. Dans une perspective de co-développement, on pourrait aussi, par exemple, imaginer que les diplômés étrangers, notamment ceux formés chez nous, les médecins, les scientifiques, puissent partager leur temps entre la France et leur pays d'origine où ils seraient rémunérés au titre de la coopération française ou européenne. Car, aujourd'hui, les maigres perspectives salariales locales incitent les plus qualifiés à trouver hors de chez eux un meilleur niveau de vie.

Alors que les sans-papiers manifestent régulièrement, on ne dit jamais cette réalité qui doit nous faire réfléchir : selon l'enquête publiée récemment par le journal *La Croix*, l'argent qu'ils envoient dans leur pays d'origine pour aider leur famille et leur village dépasse l'aide publique de la France au développement ! Ce que confirme, plus globalement, le rapport sur « L'intégration économique des migrants et la valorisation de leur épargne », rapport paru le 5 octobre 2006. Michel Milaud y estime à 8 milliards d'euros l'épargne qui repart chaque année au pays. Une manne financière qui intéresse aussi les banques. En France, le leader mondial Western Union capte 46 % des envois financiers vers l'Afrique subsaharienne et prélève 21 euros pour un envoi de 300 euros. L'apport des Maliens de l'extérieur qui va aux familles correspond à 21 % du PIB d'un des pays les plus pauvres d'Afrique. Ces migrants, dont des sans-papiers, qui contribuent financièrement à l'intérêt des pays riches, puisque eux-mêmes ont intérêt à la réduction des écarts entre le Nord et le Sud, ne méritent-ils pas qu'on reconnaisse cette réalité ?

C'est l'injustice qui ébranle la société – Et d'abord la pauvreté, ici, en France. Près d'un million d'enfants pauvres ! Ce sont les chiffres du président d'Emmaüs. Et selon la norme européenne, qui fixe le seuil de pauvreté à 60 % des ressources moyennes de la population, il y aurait même sept millions de Français vivant en dessous du seuil de pauvreté. Cela semble incroyable dans un pays aussi riche que le nôtre. La pauvreté ne touche pas seulement les chômeurs, les RMIstes mais de plus en plus de gens qui ont un travail, les « travailleurs pauvres ». En majorité des femmes qui n'ont trouvé que des emplois à temps partiel : des caissières dans la grande distribution, des femmes de ménage et toutes sortes de professions dans les services.

Pour faire reculer la pauvreté, il n'y a pas de mesure miracle, il faut de l'emploi, du pouvoir d'achat, des solidarités qui aident à reprendre le contrôle de sa vie.

Une des premières choses à faire, c'est de remplacer l'indice unique des prix par des indices qui reflètent les situations réelles. On ne consomme pas de la même façon quand on est RMIste ou cadre supérieur, quand on a une petite retraite ou un salaire confortable. C'est important parce que l'indice sert au calcul des minima sociaux et des retraites. Pour s'attaquer efficacement à une situation, il faut la regarder en face. Le chômage ne baisse que dans les statistiques officielles. La précarité se répand (70 % des embauches se font en CDD et en intérim) et les RMIstes sont 250 000 de plus qu'en 2002. Comment prétendre que la solution, c'est de travailler plus quand tant de jeunes et de moins jeunes voudraient déjà travailler tous ?

La droite laisse entendre que les RMIstes se complairaient dans l'assistanat et que les profiteurs seraient légion. Je n'ai aucune tolérance pour le laxisme et je suis fermement partisane de la répression des fraudes, mais je sais que la majorité des allocataires ne désire qu'une chose : un travail ! Je me souviens de cette jeune femme de la plaine d'Ozon à Niort, mère d'un petit garçon, qui me disait : « Le monde tourne à l'envers ! » Elle n'avait trouvé qu'un emploi à temps partiel dans un supermarché et ne s'en sortait pas, car elle avait perdu toutes les aides attachées au RMI : l'aide majorée au logement, le tarif minimum de la cantine scolaire, la prime de Noël, la CMU complémentaire... Comment favoriser le retour à l'emploi si cela signifie travailler à perte ? C'est pour cela que je suis d'accord avec le Revenu de solidarité active qui améliorera d'un tiers les ressources de tout bénéficiaire de minima sociaux qui reprendra un travail.

Mais ce RSA ne doit pas être financé par la disparition de la Prime pour l'emploi ! Ce ne sont pas aux travailleurs modestes de payer pour les plus pauvres : c'est aux plus riches qu'incombe cette responsabilité.

Valeur travail, valeur de gauche – Qu'est-ce qui détruit aujourd'hui la valeur travail ? la précarité, le temps partiel contraint, l'emploi qui ne paie pas, le mérite ignoré mais, pour quelques-uns, l'échec grassement payé de parachutes dorés, l'écart scandaleux des salaires et des fortunes, les inégalités professionnelles persistantes entre hommes et femmes, les discriminations. Ces désordres détruisent la dignité du travail, la motivation des salariés, l'image des entreprises.

Le loisir n'est pas l'ennemi du labeur, il en est même la condition puisqu'il faut bien, comme disent les économistes, reconstituer sa force de travail ! La France ne souffre pas d'un excès de vacances mais plutôt du fait que de plus en plus de ménages aux revenus modestes n'en prennent pas. L'été, les cités sont pleines d'enfants, d'adolescents et d'adultes qui n'ont pas les moyens de changer d'air. La droite d'aujourd'hui veut faire expier les 35 heures comme celle d'avant-hier voulait faire expier aux Français les conquêtes du Front populaire. Je ne crois pas que la réduction du temps de travail ait infusé dans les veines du pays le poison de la paresse. Ceux qui le prétendent ne savent pas comment vivent les gens.

La France métissée – Que de débats ai-je levés avec *La Marseillaise*, le drapeau, la nation, l'identité, la France, tout cela dont les socialistes n'osaient plus parler !!! Et l'hymne national que nous n'osions plus chanter, l'ayant abandonné à la droite et à l'extrême droite comme jadis le thème de la famille. Et de même que j'ai fait revenir dans les références de la gauche l'affirmation du rôle majeur des familles, de même que j'ai fait revenir vers la gauche la question de l'autorité par le concept d'ordre juste, de même j'ai assumé, défendu, illustré l'identité nationale et l'hymne national. Une fois de plus ce sont les grincements dans mon propre camp qui ont malheureusement affaibli le message.

Lors des obsèques récentes d'Aimé Césaire, j'ai revécu l'émotion et l'amitié fusionnelle avec les Antilles. Dans la halle du marché de Fort-de-France j'avais rappelé son opposition à l'exécrable loi votée par la droite sur les soi-disant bienfaits de la colonisation. Cette lecture révisionniste de l'histoire est inacceptable. Le colonialisme, c'est un système de domination, de spoliation et d'humiliation. Les mots incandescents du *Discours sur le colonialisme* devraient être connus de tous.

C'est donc dès le mois de janvier 2007, lors d'un voyage aux Antilles, soit dès l'ouverture de la campagne présidentielle, que j'ai défendu l'idée d'une « France métissée et qui se reconnaîtrait comme telle ». Lors de mes multiples déplacements, j'ai répété que les jeunes de toutes origines « n'étaient pas le problème, mais une grande partie de la solution ». Nicolas Sarkozy, à l'inverse, a fait campagne, chacun s'en souvient, sur le thème de la peur et du rejet. A travers la proposition d'un ministère de l'Immigration et de l'Identité nationale début mars 2007 jusqu'aux émeutes de la gare du Nord scandaleusement exploitées. Mais avant même le lancement de sa campagne et en tant que ministre de l'Intérieur, il fustigeait « l'immigration de guichet » en se félicitant du nombre record de reconduites à la frontière d'immigrés clandestins, ce qui fit les gros titres des journaux. Puis le 5 février, dans l'émission « A vous de juger », sur TF1, il évoqua « ces moutons qu'on égorge dans la baignoire », ce qui suscita la réaction indignée d'une jeune femme musulmane d'origine algérienne, présente sur le plateau. Je ne vois pas l'effet du hasard et de l'improvisation dans cette succession de déclarations. La droite a fait méthodiquement campagne sur ces thèmes, avec un objectif électoral précis – récupérer les électeurs du Front national.

La France métissée, comme aujourd'hui l'Amérique métissée de Barack Obama, a d'abord besoin de se reconnaître comme telle. Cette réalité n'est pas regardée en face et n'est pas reconnue. Son invisibilité économique, sociale et politique est le premier obstacle à lever, pour avancer. Car il y a bien des « mécanismes de stigmatisation et de relégation » dans la société française, de discrimination négative et donc, de talents gaspillés. Le vote massif des jeunes des quartiers nous donne, à nous socialistes, une responsabilité considérable. Et je m'en sens personnellement redevable.

Je propose, pour renforcer le sentiment d'appartenance à la nation, de créer une cérémonie républicaine pour *tous* les jeunes, quelle que soit leur origine pour le passage à la majorité à 18 ans, l'âge du droit de vote.

Je crois aussi que le service national civil maintes fois proposé mais jamais réalisé doit effectivement être mis en place.

Imaginer la France ne va plus de soi parce qu'elle s'est beaucoup transformée, pluralisée, diversifiée et colorée sans encore admettre totalement ce qu'elle est devenue.

Pour en tirer parti et fierté, la France doit achever de reconnaître comme ses enfants légitimes ceux dont les familles sont venues d'ailleurs et qui, quoique toujours exposés aux discriminations, sont aujourd'hui des Français à part entière...

Oui, la France doit non seulement les reconnaître comme ses enfants légitimes, mais s'appuyer sur eux comme sur un atout précieux.

La France doit écouter ce qu'ils lui disent, notamment les moins nantis. Elle doit même faire l'effort de comprendre ce qu'ils ne lui disent pas.

Jusqu'à quand parlera-t-on de deuxième, troisième ou de quatrième génération pour certains alors qu'on ne le fait jamais pour ceux dont les parents sont originaires d'Europe ?

Jusqu'à quand parlera-t-on de Français « de souche » comme si les autres étaient... de feuillage ou de branchage, comme je le disais à Vitrolles ?

C'est cela aussi la tâche de la gauche : aider la France à se reconnaître comme elle est et à se reconnaître dans cette belle diversité humaine, une formidable chance pour nous tous.

L'honneur de la République, la fidélité de la France à ses idéaux, c'est aussi la lucidité d'une histoire partagée, dans une France respectueuse de toutes les mémoires, et accueillante à tous les siens, nés ici ou ailleurs.

Notre pays est aujourd'hui bridé de bien des limites, de bien des hésitations, de trop de peurs, de trop de méfiances réciproques, où l'on trouve trop souvent quelqu'un pour expliquer que c'est un autre qui est responsable de ce qui ne va pas.

Nous devons faire converger les énergies, les talents, les potentiels. Il y en a beaucoup, il y en a énormément dans cette France qui ne demande qu'à repartir de l'avant.

L'ENSEIGNEMENT : POUR QUI, PAR QUI ?

Alain Touraine

Une institution muette – Toute pensée ou programme politique comporte nécessairement un chapitre sur l'éducation. Et pourtant les propositions faites et les débats qu'ils entraînent sont presque toujours non seulement insuffisants mais presque étrangers aux problèmes étudiés ici. Un enseignant attentif à ses élèves ou un psychologue scolaire ont beaucoup plus à dire sur l'école que la plupart des textes ministériels ou même parlementaires. Les étapes du curriculum scolaire comme la nature des examens et les systèmes de notation, sans oublier la date des vacances, et parallèlement les obligations et la carrière des enseignants sont des thèmes qui intéressent fortement le grand public et plus encore les milieux politiques. Et on voit même cet intérêt se transformer en passion quand on touche aux problèmes de la laïcité. Mais où est l'*éducation* dans tout cela ? On précise les connaissances qui doivent être acquises, mais on ne nous dit pas comment elles doivent être transmises et quelle est la nature des *rapports* qu'on souhaite voir s'établir *entre enseignants et enseignés*. Pas davantage on ne nous dit comment l'école doit s'adapter aux *différences individuelles ou collectives* de type psychologique, social ou culturel entre les élèves. Les programmes des IUFM où se forment les enseignants sont d'une grande pauvreté quant à la préparation psychologique et culturelle de l'étudiant qui va bientôt exercer son métier d'enseignant et qui se trouvera placé dans des situations souvent difficiles. Le monde immense et divers des enseignants, traversé par beaucoup de conflits politiques et pédagogiques, est à la fois sans pouvoir sur l'exercice de l'enseignement et en mesure d'imposer au pouvoir politique des mesures qui concernent davantage leur situation professionnelle que leur tâche d'enseignants.

Il faut donc commencer par les questions les plus directes : quels sont les *buts* d'un enseignement ? Faut-il parler d'instruction publique, d'éducation nationale ou d'éducation tout court ? Et quelles doivent être les relations entre enseignants et enseignés, entre les enseignants eux-mêmes et entre les enseignés eux-mêmes ? Quelle *société scolaire* souhaite-t-on créer ?

Il est devenu impossible d'éviter ces questions puisqu'un nombre assez important des élèves ou

étudiants ne *parviennent pas* à un niveau de connaissances que les programmes officiels pensent
qu'ils doivent acquérir. D'un autre côté, la *violence*
se répand dans le milieu scolaire et elle ne provient
pas seulement de l'extérieur. Pour quelles raisons ?
Pourquoi aussi l'école publique, qui a été un formidable moyen d'ascension sociale l'est-elle beaucoup moins et même est devenue dans une certaine
mesure un *obstacle à la montée sociale de beaucoup*, en particulier des élèves de familles venues
de l'*immigration* ? Cette liste de problèmes est trop
courte mais elle nous révèle l'ampleur et la diversité des problèmes posés par l'éducation scolaire.

Une réponse réactionnaire – Il y a quelques années, une enquête ayant demandé comment on
devait définir les fonctions de l'école, fut publiée
dans le journal *Le Monde*. Plusieurs articles de
lecteurs protestèrent avec véhémence contre l'idée
que l'école puisse être au service des élèves et
affirmèrent que la tâche des enseignants était non
pas de jouer le rôle d'éducateurs mais de transmettre des connaissances objectives et de s'assurer que
cette transmission était bien faite. Cette définition
du rôle de l'enseignant était assurément trop étroite,
mais elle pouvait être complétée en disant que la
fonction principale de l'école est la *socialisation*,
ce qui veut dire que l'école doit préparer les nou-

veaux venus à devenir des citoyens, conscients de leurs droits et aussi de leurs obligations.

Cette théorie qui sent bon l'image classique de la société représentée comme une maison ou même comme une ville avec ses institutions et ses règles et qui est capable en même temps d'absorber les changements nécessaires, qui encourage le bien et punit le mal, n'a presque plus aucun rapport avec la réalité. L'éducation de masse a tout remis en cause en quelques décennies. La demande d'éducation n'est plus commandée par les besoins de la société, qui se traduiraient en offres d'emploi. La demande massive d'éducation est beaucoup plus un fait culturel qu'économique. Un trouble effraie beaucoup de ceux qui voudraient préserver l'ordre établi, ses critères et ses processus de promotions et protéger une certaine continuité dans le recrutement des élites. Ces catégories qui se sentent menacées, débordées ont lancé des campagnes d'opinion pour dénoncer l'abaissement du niveau des études, le gâchis des fonds publics, le danger qu'il y a à laisser monter en haut de l'échelle sociale des gens qui ne pourront plus ensuite que se jeter dans le vide. Et ces campagnes d'opinion en appellent à des mesures restrictives qui tiendraient éloignée des campus et des lycées la masse de ceux dont la famille vient d'un niveau plus bas. Dans une telle perspective définir la fonction de l'école comme socialisation est devenu inutile ou même absurde, puisqu'on voit augmenter l'échec scolaire et universitaire. Il ne faut pas perdre son temps à réfuter ces campagnes d'opinion qui sont moins conservatrices que *réactionnaires*. Il faut partir au contraire du fait le mieux établi : une demande rapidement croissante en éducation. Ici, comme ailleurs, il faut passer d'une analyse en termes de *système* à une analyse en termes *d'acteurs*. Par quoi la conception en termes de socialisation peut-elle être remplacée ? Comment définir le but de ceux qui demandent toujours plus d'éducation ? C'est ici qu'il faut introduire, pour remplacer et combattre la notion de socialisation, celle *d'individuation*.

L'individuation – Par ce mot il faut entendre le processus par lequel les élèves ou étudiants, enfants, jeunes gens ou même adultes, deviennent, au cours de leur vie scolaire, de plus en plus capables de remplacer une autorité extérieure et des connaissances détachées de leur vie personnelle par une *autorité intériorisée* et la capacité de construire un *projet personnel* à partir d'une expérience de vie. L'individuation consiste en la capacité croissante de choisir des connaissances, des objectifs professionnels et des stratégies en fonction de visées personnelles. Il ne faut pas opposer une autorité castratrice à la libération des pulsions mais à la capacité de faire des choix et de gérer des relations interpersonnelles. C'est un but plus positif que la

135

conformité à des règles et à des normes, dont l'origine et la justification sont de moins en moins connues et comprises. L'individuation repose en grande partie sur *les relations entre enseignants et enseignés* et par conséquent sur la connaissance par les enseignants des caractéristiques de chaque élève ou étudiant, qu'elles soient psychologiques, sociales ou culturelles. Ce qui suppose plus de liberté et d'initiative à la fois pour les enseignants et pour les enseignés.

Les recherches sociologiques des dernières décennies, surtout celles de François Dubet, ont démontré que les relations entre enseignants et enseignés avaient de très forts effets sur les *résultats* des élèves. Elles ont montré en particulier que lorsque les enseignants se considèrent comme un groupe en communication avec le groupe des enseignés et quand ils se préoccupent des caractéristiques de chaque élève, les résultats de ceux-ci *sont bien supérieurs* à ce qui se passe dans les cas où chaque enseignant se définit par la matière qu'il enseigne et garde volontairement une certaine distance avec les élèves. Ces résultats modifient la vision antérieure qui expliquait entièrement les résultats scolaires par les milieux d'origine. L'effet « *établissement* » dont parle Olivier Cousin est plus fort que l'effet de l'origine sociale. Du coup c'est dans le mode de fonctionnement de l'école que se trouve l'explication principale des résultats constatés entre les élèves. On peut conclure que le pas-

sage nécessaire d'une analyse en termes de socialisation à une analyse en termes d'individuation est
de même nature et aussi difficile à réussir que le
passage du mode ancien d'analyse sociologique
centré sur la société à celui que j'ai présenté ici et
qui est centré sur les élèves et les étudiants.

Une fausse égalité – Cette conception de l'enseignement se heurte à l'objection dite « *républicaine* », c'est-à-dire à la volonté du monde enseignant de maintenir l'égalité entre les élèves en les
soumettant tous de la même manière aux exigences
de la connaissance. On ne peut pas condamner une
telle préoccupation ; les élèves qui viennent des
milieux les plus favorisés ont des avantages considérables, ne serait-ce que dans l'usage de la parole,
de sorte que les enseignants ont de bonnes raisons
de craindre qu'une participation plus forte des
élèves soit utilisée seulement par ceux qui viennent
de familles instruites. Cependant cette préoccupation ne résiste pas à l'examen des faits, car les
élèves venus de milieux privilégiés peuvent toujours en cas de difficultés trouver de l'aide dans
leur famille ou auprès de proches, tandis que les
élèves qui viennent de milieux *défavorisés ne
peuvent trouver un appui que chez l'enseignant lui-
même.* Par conséquent l'égalitarisme de façade qui
est recommandé aboutit en fait à *accroître l'iné-*

galité en ne donnant aucun appui à ceux qui en ont le plus besoin et ne peuvent pas le trouver ailleurs. La situation ainsi créée a des effets assez considérables pour expliquer le faible nombre d'élèves et d'étudiants venus de familles immigrées qui pénètrent dans les niveaux les plus élevés de la vie professionnelle et sociale. Ce qui indique la gravité et l'urgence des problèmes à résoudre.

Est-ce à dire qu'il faut abandonner le principe « républicain » et que l'enseignement doit être le plus différencié possible selon les caractéristiques des élèves? C'est l'opinion inverse qu'il faut défendre, comme l'ont fait récemment et de manière très juste les défenseurs du *collège unique* qui était menacé de tous côtés. Ils ont insisté sur le fait que le maintien du collège unique, par nature hétérogène, suppose une forte individualisation de l'enseignement c'est-à-dire la prise en compte des conditions dans lesquelles doit s'opérer la transmission du savoir et plus généralement la formation de la personnalité de l'élève. Chacun sait que l'idéologie républicaine et une idéologie plus « pédagogique » ou relationnelle s'opposent souvent vivement; mais il faut dépasser cette opposition en défendant le couple égalité-personnalisation contre le couple impersonnalité-socialisation.

Il est plus difficile de transférer cette analyse dans le milieu *universitaire*, surtout en France, où la situation est exceptionnelle. On se souvient que

la France décida en 1791 de supprimer les universités au nom de la loi Le Chapelier contre les corpo-
rations. Après cette suppression furent créées,
d'abord par la Convention, les deux *écoles* qui
allaient être placées au sommet du système d'enseignement supérieur : l'Ecole polytechnique et
l'Ecole normale supérieure. Pendant le XIXᵉ siècle
les principaux centres de recherche scientifique en
France furent placés dans ces deux écoles auxquelles il faut ajouter le Collège de France où enseigna
Claude Bernard. Cette situation n'a été bouleversée
que par l'augmentation accélérée du nombre des
étudiants. Tandis que les *écoles*, de plus en plus
nombreuses et hiérarchisées, se protégeaient par
des mesures de sélection, l'ensemble des *universités* n'avait aucun moyen de s'adapter à cette
situation nouvelle. Dans quelques cas, les facultés
de médecine, l'université Dauphine, spécialisée en
droit et en économie, et l'Institut d'études politiques instaurèrent une certaine sélection qui les
protégea, tandis que les facultés de lettres et sciences humaines et de droit étaient envahies par des
étudiants dont beaucoup n'avaient aucune perspective professionnelle et avaient été orientés vers elles
seulement par leur absence de connaissances scientifiques. Le résultat fut et est encore un taux
d'échec très élevé et la recherche d'emplois de
qualification relativement faible par des étudiants
parvenus au niveau Bac + 5, c'est-à-dire ayant
obtenu un master pour employer la nouvelle termi-

nologie, dont j'ai été l'initiatrice à la demande du ministre Claude Allègre. La distance ne cesse d'augmenter entre écoles et facultés, sauf aux niveaux élevés de l'enseignement universitaire, surtout là où des DEA et DESS (ancien vocabulaire) correspondent bien à une offre d'emploi locale ou régionale. Des écoles d'ingénieurs et des écoles de commerce très nombreuses assurent une grande partie des recrutements de qualification élevée, au détriment des facultés.

L'investissement dans la connaissance – Ces débats se placent presque toujours dans le cadre d'une conception fausse de la place de l'éducation et de ses fonctions dans la société. Les Français ont encore tendance à considérer les *dépenses* d'éducation et de santé comme relevant d'une politique du bien-être et d'une recherche de l'égalité des chances. Il est donc normal que chacun cherche à obtenir l'accès le meilleur possible à des biens, si importants pour la vie professionnelle et la vie en général.

C'est cette représentation qui devrait être éliminée. On répète chaque jour avec raison que notre société peut être appelée une société de *connaissance,* dans la mesure où la connaissance est l'*investissement* le plus important et le plus décisif pour l'avenir d'un pays soumis à une concurrence internationale de plus en plus vive. L'éducation, comme les dépenses de santé, ne sont donc pas du côté des dépenses mais du côté de l'investissement. D'ailleurs ces deux domaines emploient une partie importante des professionnels ou des spécialistes de haut niveau. Pour pousser le raisonnement jusqu'au bout il faut suivre l'exemple des États-Unis. De bons étudiants, souvent bien formés, viennent de tous les pays du monde pour acquérir une éducation supérieure aux États-Unis. Ce pays s'efforce de garder les meilleurs ; avec succès car on constate que dans beaucoup de centres de recherche scientifique très avancés la proportion des étrangers est élevée, comme elle l'est dans les grands hôpitaux. Ceux qui ne restent pas aux États-Unis repartent dans leur pays où ils font en général une carrière brillante et où ils répandent les idées et les méthodes de travail qu'ils ont apprises aux États-Unis. Il ne me semble pas exagéré de dire que la supériorité du système universitaire américain est la raison *principale* de la supériorité américaine en général. Les Français, comme les Allemands et les Italiens, sont en train de découvrir, tardivement, l'insuffisance de leur équipement universitaire, la faiblesse de certains secteurs de recherche et la crise de plus en plus profonde que traversent les grands hôpitaux et qui a été aggravée par l'application brutale de la loi sur les 35 heures. A partir du moment où on reconnaîtrait le rôle primordial de l'éducation et des soins médicaux dans le développement et donc

141

dans la compétitivité d'un pays, il faudrait s'interroger immédiatement sur les raisons de l'insuffisance parfois dramatique des ressources données à ces secteurs. La plus rapide réflexion, fondée sur des informations faciles à obtenir, par exemple en provenance des États-Unis, montre que la France a besoin dans ces deux grands domaines à la fois d'une augmentation massive des crédits publics, nationaux ou régionaux, de la création d'un grand courant de donations grâce surtout à des mesures d'ordre fiscal, en prenant conscience que ces donations apportent aux universités américaines des ressources qui se comptent en centaines de millions ou en milliards de dollars. Une mention particulière doit être faite à propos des bibliothèques qui sont en France indigentes et ouvertes pendant trop peu d'heures. A ces flux financiers très importants il serait normal d'ajouter une contribution des étudiants, puisqu'un enseignement bien organisé doit leur assurer des débouchés professionnels et des conditions de vie meilleures que celles qu'obtiennent ceux qui n'ont pas de formation scientifique ou intellectuelle de niveau élevé. Le problème des droits universitaires qui restent à un niveau très bas dans beaucoup de pays européens change complètement de sens si on le lie fortement à l'augmentation des crédits publics et des crédits privés et surtout si on lie ces transformations financières à un ensemble de réformes qui donne à chaque établissement un véritable contrôle de ses conditions de travail et par conséquent qui lui permette de définir ses finalités et donc la nature de ce qu'il propose à ses étudiants. Il serait déplorable de s'enfermer dans des débats où les partisans de la gratuité font appel à une défense de la démocratie qui ne correspond absolument pas à la situation observée, puisque beaucoup de sociologues ont montré que demeure une extrême inégalité des chances, surtout au niveau le plus élevé et même, comme je l'ai déjà indiqué, l'existence de tendances *régressives,* qui aboutissent à augmenter l'inégalité des situations et des chances. Une réflexion de type politique doit conduire à des décisions éclairées et de grande envergure, dont dépend beaucoup notre avenir.

Connaissances et conscience de soi – Un autre grand thème dans les débats sur l'éducation est l'importance que doit donner l'école à l'acquisition de connaissances ou au contraire à la création d'un environnement agréable pour les étudiants et les élèves. Beaucoup aujourd'hui considèrent le sport comme devant être une partie importante de la vie scolaire et dans beaucoup de pays les horaires sont organisés de manière à libérer un temps important pour les activités sportives.

La réponse à apporter à ce débat est qu'il n'existe aucune nécessité de faire un choix entre ces deux types d'activités. Une école ou une université qui a un excellent équipement sportif n'est pas nécessairement moins exigeante sur le plan intellectuel. Il ne devrait pas y avoir de grandes discussions sur ces problèmes, étant donné l'insuffisance générale de tous les équipements, qu'il s'agisse de stades ou de laboratoires. Mais il est nécessaire de défendre *l'acquisition de connaissances* et d'instruments de raisonnement comme étant indispensable dans un monde où le rôle de la connaissance est tellement important. Et encore plus nécessaire de rechercher les meilleures conditions d'acquisition des connaissances, ce qui impose de prendre en considération tous les problèmes de la personnalité mais aussi ceux de l'environnement de l'école ou de l'université.

La dernière exigence qu'il faut formuler est en effet que l'enseignement, de quelque niveau qu'il soit, doit être constamment associé au développement de la *conscience de soi,* alors qu'on a trop souvent justifié l'acquisition de connaissances par leurs applications pratiques. Un exemple déjà bien connu est celui des études de médecine qui impose à l'étudiant le choc psychologique de la rencontre d'un être jeune avec la maladie et la mort et donc des réactions négatives et difficiles à contrôler. Il est heureux que la réflexion sur l'éthique médicale, à la fois théorique et clinique, ait progressé rapidement mais elle doit être encore beaucoup plus développée et la formation de l'étudiant en médecine ne doit pas séparer l'acquisition des connaissances, l'acte de soin et la signification de cette activité et pour le malade et pour le soignant lui-même. Cette remarque doit être généralisée et elle peut l'être facilement : les problèmes de l'éducation et en particulier de l'acquisition des connaissances ne peuvent pas être séparés de la formation de projets de connaissance et de vie au niveau individuel comme au niveau collectif. Tout enseignement comme toute formation professionnelle doivent être étroitement associés à la transformation, à la reconstruction d'une conception de la vie sociale dans laquelle est accordée une priorité à tout ce qui concerne la capacité de chacun de dominer ses expériences et de les transformer le mieux possible ou le moins mal possible en projets de vie. Ces thèmes pénètrent lentement dans nos sociétés, par l'intermédiaire des grands problèmes causés par l'avortement ou l'euthanasie. Ce sont là des premiers pas sur une route sur laquelle il convient d'avancer le plus vite possible. Il ne suffit pas de relier le monde scolaire à celui des activités professionnelles ; il faut aussi que l'élève ou l'étudiant ait conscience de faire des *choix* et s'interroge sur les raisons qui l'orientent vers tel ou tel type d'activité, sans oublier celles, parfois considérées comme marginales mais qui prennent de plus en plus d'importance, comme la conscience des risques que nos civilisations courent et de la nécessité de la *solidarité* humaine. Le monde scolaire n'est pas un univers qui doit trouver en lui-même ses

145

raisons d'être et ses critères d'évaluation. Ce jugement devrait conduire à une remise en cause des
« prépa », classes préparatoires aux grandes écoles
dont le but presque unique est la sélection, suivie
ensuite du classement et qui enferme des jeunes
gens intelligents dans des obligations scolaires
écrasantes. Le milieu scolaire est celui où le plus
grand nombre de membres d'une société acquièrent
la conscience de leurs propres possibilités et surtout
de leur capacité à imaginer leur vie comme un
réseau d'interrelations aussi actif que possible entre
la création et l'emploi des connaissances et la conscience des responsabilités de chacun, qui augmente
à mesure que notre capacité collective d'agir sur
nous-mêmes augmente aussi.

On ne peut pas séparer les problèmes de l'école
de ceux qui concernent la délinquance et, en particulier l'augmentation de la délinquance des jeunes
et même des mineurs qui sont soumis à l'obligation
scolaire jusqu'à l'âge de 16 ans.

Plus encore qu'autour des problèmes scolaires, il
s'est installé un épais silence autour de tout ce qui
concerne la justice, la police et la délinquance. Il
est donc important d'examiner les efforts faits pour
franchir le mur d'hostilité et de silence qui oppose
les défenseurs de la loi à ceux qui les transgressent
ou les ignorent. Une grande partie de la population
est convaincue que la prison, qui semble à presque
tous indispensable dans un certain nombre de cas,
en particulier quand est grand le risque de récidive,

146

expose les jeunes délinquants à l'influence de délinquants plus confirmés et qui vont les entraîner sur le chemin du crime plutôt que sur celui de ce qu'on appelle la réinsertion sociale. Mais contre cette constatation attristante il ne sert à rien de faire appel à la prévention, c'est-à-dire en fait à la transformation générale de la société, qui suppose des moyens et des modes d'action qui sont hors de portée de tous ceux qui plaident pour la priorité à donner à la prévention. C'est cette double impasse qui doit nous conduire à donner de plus en plus d'importance à des démarches encore très innovantes, très partielles et dont il est difficile d'évaluer les résultats mais qui visent à établir des relations plutôt que des barrières entre les deux côtés du débat. Ici c'est sans aucun doute la démarche de Mandela, imitée sous des formes diverses dans beaucoup de pays dont le Chili, qui a donné un exemple, qui a contredit la méthode traditionnelle de répression du tribunal de Nuremberg, la recherche de l'aveu des crimes par le coupable, en cherchant à créer un sentiment de responsabilité des coupables face à la population. De telles conceptions à un niveau moins dramatique peuvent s'appliquer dans un très grand nombre de cas et il est en tout cas certain qu'on peut arriver à ce que j'ai appelé la modification de l'image de l'autre et de l'image de soi-même dans ses relations avec l'autre. Ce qui implique un fort mouvement de désinstitutionnalisation du rapport entre le monde

147

de la loi et celui de la délinquance. La méthode dite de *l'intervention sociologique* commence à être appliquée à un tel domaine. Des sociologues ou d'autres créent entre des représentants de la justice et de la police et des délinquants ou supposés tels, des liens assez forts pour permettre des échanges, une discussion, qui n'ont certainement pas la capacité de changer les comportements d'un côté ou de l'autre mais qui ont déjà montré qu'ils pouvaient infléchir les normes d'action et de pensée des représentants de la loi et de ceux qui l'appliquent. L'établissement de telles relations, si fragiles qu'elles soient, se traduit avant tout par une reconnaissance par le délinquant de son histoire personnelle et parallèlement par la découverte par le délinquant lui-même des caractéristiques personnelles des magistrats ou policiers auxquels ils ont affaire et qu'ils tendent d'abord à rejeter en bloc comme étant l'État et la prison.

Cette démarche peut être éclairée par l'action déjà plus avancée mais de même nature, qui est menée par les centres d'éthique médicale clinique dont le premier a été créé à Chicago et dont le plus important en France a été ouvert à l'hôpital Cochin à Paris. Ici encore on trouvait face à face le malade en tant que privé de parole par sa maladie ou simplement parce qu'il est un nouveau-né, et en face un monde médical qui s'appuie sur des statistiques et sur des jugements répandus dans la société ou dans le milieu médical et qui sont souvent peu formulés. En se centrant sur l'aide apportée à la décision et en organisant la communication entre diverses composantes du milieu médical, les familles ou l'intéressé lui-même, on voit déjà dans de nombreux cas se transformer l'évaluation et même la définition de la situation soit du malade, soit de l'embryon ou du nouveau-né qui porte des risques de pathologie grave soit des malades en phase terminale de leur maladie.

Dans tous les domaines on peut définir la nécessité et la possibilité d'un tel effort pour remplacer la non-relation entre des non-acteurs par des efforts bien dirigés pour établir des relations, c'est-à-dire d'abord une représentation de l'autre, entre ces catégories que tout éloigne ou oppose l'une à l'autre. Il faut voir dans cette nouvelle approche des problèmes sociaux touchant des institutions aussi importantes que l'enseignement ou la prison une des formes les plus convaincantes d'application de la conception générale de la société et surtout des acteurs sociaux qui vient d'être esquissée au début de ce texte.

POUR UN NOUVEAU PACTE ÉDUCATIF

Ségolène Royal

Malgré les réussites et les performances indiscutables de notre école, on ne peut ignorer quelques réalités sévères : 17 % des jeunes quittent l'enseignement sans avoir ni CAP, ni BEP, ni BAC, 41 % des étudiants interrompent leurs études sans diplômes, seuls 52 % des enfants d'ouvriers obtiennent leur BAC contre 85 % des enfants de cadres supérieurs. La part des enfants d'origine modeste au sein des grandes écoles a chuté de 30 % dans les années 50 à 7 % aujourd'hui. Le taux de chômage des jeunes de 15 à 24 ans n'est jamais descendu au-dessous des 15 % depuis 1980. Donc si le niveau a monté, les écarts se sont creusés et l'ascenseur social est redescendu au sous-sol. D'ailleurs Alain Touraine, mon itinéraire en témoigne. Je sais qu'au-

151

jourd'hui il me serait impossible de franchir sans relations, sans information, sans cours privés parallèles les barrières de Sciences-Po et de l'ENA. Or je veux pour la France que l'ascenseur scolaire continue à y fonctionner.

Au-delà des chiffres et des discours, le plus direct, le plus vrai, le plus humain, le plus urgent c'est de laisser parler les femmes, ces mères réunies dans un groupe de parole le mois dernier, dans le quartier populaire de la Plaine d'Ozon à Châtellerault. Je le dis avec fermeté : si nous réussissons à leur apporter des réponses, alors c'est que le nouveau pacte éducatif sera réel.

*

Paroles de femmes

Cadre général de l'expression :

Une trentaine de femmes de 23 à 50 ans avec une identité commune : Françaises issues de l'immigration et habitant en ZUS dans le quartier de la Plaine d'Ozon.

La moitié de ces femmes travaillent, surtout pour des raisons alimentaires, sans avoir pu choisir l'emploi dans lequel elles se trouvent. Toutes sont fortement insécurisées, voire même angoissées par l'avenir de leurs enfants, c'est au cœur de leurs préoccupations majeures de mères.

L'organisation des services publics (informations, écoles, collèges, mairies, etc.) ne répond pas à leurs questionnements. Leurs rapports personnels avec les institutions les renvoient à une image négative d'elles-mêmes, ce qui les fait encore plus douter de leurs capacités de mères. L'objet de ces rencontres étant l'écoute, l'expression libre et sans tabous sur les sujets qu'elles souhaitent aborder, je reprends ici leurs paroles :

« Que faudrait-il mettre en place pour vous aider dans votre rôle de mère de famille ? »

Zhora	Les mamans font tout. Si on travaille, c'est par obligation, parce qu'on a des soucis d'argent. Sinon, on préfère être avec les enfants. Quand on est absente, pas disponible, ils font des bêtises. Mais la vie est trop chère.

Aïcha	Il faudrait rassembler les hommes, leur faire la morale. Leur expliquer qu'on a des problèmes avec eux et que tout retombe sur nous, la maison, les enfants, l'école, tout !

Naïma 2 enfants de 9 et 12 ans	Il faut nous aider pour les enfants. Les accompagner dans les devoirs, mais avec de la qualité. On ne demande pas des moments de garde, mais qu'ils soient aidés pour faire leurs devoirs, nous on ne peut pas les aider.

Pour ces femmes, faire en sorte que leurs enfants puissent apprendre, réviser, rattraper le retard pris à l'école, au collège est vital. Elles ont conscience que leurs conditions de vie assujetties aux urgences quotidiennes ne laissent presque aucune chance à la culture. Elles expriment leur angoisse, leur souffrance d'envisager que leurs enfants ne puissent pas s'en sortir s'ils accusent le moindre retard dans les apprentissages.

Djamila A animatrice d'aide aux devoirs	*En CP, nos enfants ne connaissent pas l'alphabet, la preuve que l'aide aux devoirs, ça ne va pas. Il y a trop d'enfants en même temps pour les animateurs. On fait de la quantité, c'est de la qualité qu'il leur faut.*

Naïma	*On a besoin d'une vraie aide pour les devoirs des enfants.*
	Les grands nous aident, mais ce n'est plus comme avant. Les grands, ils ont changé.
	C'est pas un problème de place à la maison, on n'a pas besoin de faire garder nos enfants, il leur faut des gens qualifiés pour qu'ils réussissent.

Contrairement à une idée reçue qui consistait à mettre en avant les problèmes de logement des familles, les mères mettent en avant leur incapacité à aider leurs enfants, elles-mêmes n'ayant pas les acquis nécessaires. Parfois, elles ne comprennent pas les consignes demandées par les enseignants.

Djamila B	*On ne veut pas se débarrasser de nos enfants pour ne pas les avoir à la maison, il faut comprendre qu'on veut qu'ils apprennent bien.*

Yasmine	*Je fais ce que je peux, mais je ne sais pas si je les aide bien.*

154

Les différentes institutions (écoles, collèges, centre social, etc.) leur renvoient parfois qu'elles sont des mères absentes, qui laissent à d'autres la charge de garder les enfants après l'école, pourtant leur souci est bien de mettre les enfants dans des conditions favorables aux révisions et à l'apprentissage.

Zineb	*Il faut plus d'autorité, de la sévérité pour mieux élever nos enfants, mais quand on rentre le soir, avec la fatigue, on lâche.*
Nassera	*Les enfants sont tous pareils. L'aide aux devoirs, c'est pas de la garde, il faudrait un contrat entre les parents et le centre social.*
Djamila A	*Pour l'aide aux devoirs, ½ heure par enfant ça ne suffit pas. Il faut une aide individuelle. Actuellement, là où je travaille je ne peux pas aider tout le monde en même temps (groupe de 5 enfants). Actuellement, là où je travaille, je ne peux pas surveiller tout le monde. Mon expérience me fait dire que c'est en CP et 6ᵉ qu'il faut mettre l'effort. Il faut faire un contrat clair entre les parents, l'enfant, la structure d'accueil.*
Mohamedia	*J'ai arrêté de travailler pour élever les enfants. Maintenant, j'aimerais faire le métier de monitrice éducatrice, mais je n'ai pas le niveau. Il faudrait que j'aille en formation, alors je me pose la question de mon absence de la maison. Si je pars, est-ce que c'est bon pour mes enfants ?*

155

Zhora	*Il y a des problèmes de dialogue avec les enfants, les grands (19 et 20 ans).*

La mère est décrédibilisée, jugée incompétente par ses propres enfants?

Hamina	*Autour de nous, c'est violent quand on parle avec les gens. A l'école avec les maîtresses, ça va, au collège c'est fini, on ne comprend plus.*

Aïssa	*Ma fille voulait faire un BEP sanitaire et social pour devenir aide-soignante. La conseillère d'orientation nous a dit qu'il n'y avait pas de débouchés. On n'est pas bête, on sait qu'il y a du travail dans ce secteur. Ma fille a donc été orientée en BEP comptabilité, section qu'elle déteste.* *Ils m'ont dit que c'était mieux pour elle.* *J'ai fait appel, j'ai été convoquée à une commission de recours à Poitiers. J'ai eu l'impression de me retrouver devant un tribunal. J'étais incapable de parler. Je me suis dit que j'étais même pas capable d'aider ma fille.*

Djamila B	*La maîtresse a voulu que ma fille redouble, moi j'ai refusé, maintenant elle a son BAC avec mention et n'a jamais redoublé.*

Toutes réclament des opérations de découverte des métiers, utiles aux enfants mais aussi aux parents, elles souhaitent d'ailleurs être associées à ces opérations.

Elles savent que si elles disposent de plus

d'informations, les enfants seront « fiers » d'elles. Elles (re)trouveraient une place.

Le processus d'orientation leur échappe, les enjeux des différentes formations aussi.

Le langage institutionnel leur est incompréhensible. Elles se sentent complètement écartées du devenir de leurs enfants et en nourrissent une méfiance à l'égard des institutions et des politiques.

L'école de la République doit relever cet immense défi que révèlent ces paroles de mères qui valent mieux que tous les discours.

*

C'est pourquoi politique bien ordonnée commence par l'éducation. C'est l'évidence même. A la source de tout engagement socialiste, il y a ce désir ardent de réformer la société, de la rendre plus juste, d'y rendre les hommes toujours plus égaux dans l'exercice de leur liberté. Or, qu'est-ce que l'école si ce n'est la porte d'entrée dans la société ? Sa fonction principale est bien celle de socialisation : les connaissances qu'elle transmet à chacun de nos enfants sont ces connaissances élémentaires qui leur permettent de partager un monde commun, un ensemble de repères et de valeurs. L'école est, en quelque sorte, la matrice de toute société. Si l'on veut changer une société, c'est d'abord son système scolaire qu'il faut s'efforcer de modifier.

Cela signifie aussi que, si l'école, en tant qu'institution, doit être préservée, elle ne constitue pas pour autant une fin en soi. Pas plus que les connaissances qui y sont transmises ne valent pour elles-mêmes. Telle est la clé de tout apprentissage : comprendre et reconnaître que ces connaissances nous sont utiles, qu'elles nous serviront tout au long de notre vie, qu'elles nous aideront non seulement à comprendre le monde dans lequel nous vivons, mais aussi à faire nos choix. C'est là la seconde fonction de l'école dont parle Alain Touraine : la fonction d'individuation, qui consiste à faire en sorte que l'élève remplace progressivement l'autorité du maître par une autorité intériorisée, afin de devenir un adulte autonome, capable de construire librement sa vie avec des règles.

Je partage cette définition, mais je ne pense pas qu'il y ait lieu de l'opposer à la socialisation, comme semble vouloir le faire Alain Touraine. Les deux fonctions de l'école me paraissent au contraire devoir plus que jamais aujourd'hui être conçues comme complémentaires. Tout simplement parce que faire d'un jeune élève un adulte autonome, c'est aussi la première étape pour en faire un citoyen responsable.

L'éducation est affaire d'équilibre. Un équilibre instable, qui se modifie en fonction des époques et des contextes. Un équilibre toujours difficile à trouver et à maintenir, et de nos jours singulière-

POUR UN NOUVEAU PACTE ÉDUCATIF

ment menacé, comme nos enseignants nous le rappellent sans cesse.

Il faut du courage et de la confiance pour assumer un projet éducatif, d'avoir une réelle ambition et de redonner à tous nos enseignants les moyens d'exercer avec bonheur et fierté leur métier. Éric Maurin a bien montré comment la création du collège unique avait, malgré les attaques répétées contre lui, contribué à augmenter nettement le niveau d'instruction de tous. L'augmentation des moyens devient une fin en soi lorsque le découragement gagne, car chacun sent bien, élèves, familles, enseignants, que l'Education doit répondre aussi aux mutations qui nous remettent en cause à toute allure.

Nous sommes entrés dans la « société de la connaissance », où l'on imagine facilement que l'école doit jouer un rôle prépondérant. Comment peut-on demander à des jeunes d'être polyvalents alors même que notre système scolaire et universitaire leur demande d'opter pour une spécialisation étroite dès l'âge de 18 ans, parfois même plus tôt quand ils optent pour une filière professionnelle ? Il faut donc repenser le sens de l'institution scolaire et la mission des enseignants dans ce nouveau contexte : comment transmettre des savoirs dans une société de la connaissance ? Les métiers changent, les connaissances et les savoir-faire évoluent très vite. Et c'est le paradoxe : acquérir une solide culture générale qui donne la capacité à évoluer et accéder à des spécialisations qui vont changer tout au long de la vie. Le système scolaire doit se penser avec le droit à la formation tout au long de la vie et plus l'un sans l'autre : c'est le nouveau pacte éducatif.

L'école face aux inégalités – Les nouvelles exigences de la société dans laquelle nous vivons sont parfois inquiétantes pour les Français. Ils ont peur de ne pas être capables d'y faire face, de ne pas savoir transmettre à leurs enfants les outils dont ils auront besoin demain. Et cette peur se retourne contre l'école. Jadis cette dernière était perçue comme le principal, si ce n'est le seul, moteur de l'ascension sociale, qui permettait aux bons élèves de s'élever au-dessus de la condition de leurs parents. Aujourd'hui, les Français ne se font plus guère d'illusion sur ce que notre système scolaire peut apporter à leurs enfants. Et ceux-ci, par ricochet, ne croient pas davantage que l'école pourra les tirer vers le haut. La violence qui s'exprime depuis maintenant plusieurs années dans les collèges et lycées, et dont les enseignants comme les élèves sont de plus en plus souvent victimes, est la claire expression d'un ressentiment, d'une perte de repères.

Certes, comme le montrent encore une fois les remarquables travaux d'Éric Maurin, la démocratisation scolaire n'a pas accru les inégalités sociales.

Mais elle ne les a pas non plus véritablement réduites. Si le niveau général a, dans l'ensemble, augmenté, en cherchant bien, on se rend compte que les inégalités sociales se sont déplacées. Elles sont devenues plus subtiles. Les bacheliers sont plus nombreux, mais l'accès au Bac S, le plus prestigieux, reste toujours aussi socialement sélectif, tandis que ce sont plutôt les Bacs professionnels qui ont diversifié leur profil sociologique. De même dans l'enseignement supérieur, si le recrutement des universités s'est élargi, celui des classes préparatoires reste encore très élitiste.

Être conscient des effets reproducteurs du système scolaire et des échecs de la démocratisation ne doit pas nous amener à renoncer à l'égalité des chances. Il faut au contraire faire de cette lucidité le terreau d'une nouvelle volonté politique de réforme. Cette lucidité, du reste, ne saurait être réservée à quelques sociologues spécialistes de la question ni aux politiques qui les écoutent. C'est pourquoi une initiation aux sciences sociales pourrait avoir tout à fait sa place dans le socle de connaissances obligatoires transmises dès le collège. Cela permettrait à chacun de prendre conscience de ces déterminismes et influences qui sans cela s'exercent à notre insu. Cela pourrait contribuer à faire évoluer les mentalités.

Prendre en compte le plus tôt possible les effets reproducteurs qu'exerce l'école malgré elle est certainement le seul moyen de faire en sorte que la

161

réussite scolaire ne soit pas, en dehors des milieux sociaux les plus favorisés, réservée à quelques « miraculés », comme les appelait Pierre Bourdieu. Une conception socialiste de l'éducation veut faire advenir le « miracle » en chaque élève, et non pas seulement en quelques-uns. Au-delà du goût pour le savoir et la transmission des connaissances, c'est certainement d'ailleurs cette conviction qui est bien souvent au cœur d'une vocation d'enseignant.

Le préscolaire et l'extrascolaire – Que toute politique commence par l'école a aussi son corollaire : toute compréhension de l'école implique une prise en compte du contexte social dans lequel elle s'inscrit. Les inégalités scolaires ne peuvent pas être corrigées si on les isole des inégalités sociales qui existent en amont de l'entrée dans le système scolaire et perdurent en dehors de lui. Si l'on souhaite renouer avec une politique éducative ambitieuse pour notre pays, il faut donc réinscrire l'école dans un paysage social plus vaste.

Les problèmes rencontrés de manière persistante par notre système scolaire appellent une politique ambitieuse de correction des inégalités scolaires en amont de l'école, dès l'âge préscolaire, et en dehors de l'école, dans ce qui relève du domaine de l'extrascolaire. Il faut lier politique scolaire, politique familiale et politique sociale, politique culturelle, aussi et même surtout. Il est bien évident que l'école n'est pas la seule instance qui intervient dans l'éducation des enfants. Forte de mes expériences ministérielles, je suis convaincue que dans le domaine éducatif, beaucoup se joue dans la relation entre les familles et l'école dès les premières années.

Les inégalités sociales à corriger en dehors et en amont de l'école ne se réduisent pas à de simples inégalités économiques. Certes, les parents les plus aisés n'hésitent pas à offrir à leurs enfants des cours particuliers privés afin d'améliorer leurs résultats scolaires. Mais on sait aussi que l'attribution des bourses, bien qu'elle permette de répondre à des difficultés financières, suffit rarement à résoudre l'échec scolaire des jeunes issus des milieux défavorisés. Ce qui joue au moins autant que les difficultés financières, c'est un sentiment d'illégitimité de ces jeunes vis-à-vis du système scolaire. Un manque de motivation qui cherche ses racines dans la conviction qu'ils ont trop peu à gagner d'un investissement à long terme dans l'école. Il faut voir là l'effet d'inégalités moins économiques que culturelles, qui relèvent de l'extrascolaire : on sait que la présence de livres à la maison et le temps libre que consacrent les parents à leurs enfants dès leur plus jeune âge ont une influence déterminante sur la réussite scolaire.

Alain Touraine a raison lorsqu'il souligne que la

réussite scolaire dépend de la qualité de la relation qui s'établit entre l'enseignant et l'enseigné, et que cette qualité dépend elle-même étroitement des informations dont dispose l'enseignant sur les caractéristiques psychologiques, sociales et culturelles de son élève. Il faut permettre aux enseignants d'avoir une vue plus claire et une emprise plus nette sur des éléments externes qui influent considérablement sur le comportement en classe et les résultats de leurs élèves.

Pour que cette relation pédagogique ne soit pas strictement professionnelle mais également une relation humaine, il faut aussi que les élèves perçoivent leur établissement scolaire comme un lieu de vie, et non pas seulement comme un lieu de passage, où ils se rendent ponctuellement pour assister à leurs cours. C'est cela que j'avais voulu promouvoir lorsque, ministre déléguée à l'Enseignement scolaire, j'avais mis en place des classes et internats relais, et instauré des heures de soutien scolaire ou encouragé les opérations écoles ouvertes.

L'école de la vie – Parce qu'ils sont l'avenir de notre pays, nos enfants méritent bien cela. Chacun a le droit de se voir offrir, dès sa venue au monde, les conditions les plus favorables à l'épanouissement de ses capacités. C'est pourquoi il me semble tout aussi important de réfléchir à ce qui pourrait être fait pour améliorer encore la qualité de nos écoles maternelles et primaires. La France gagnerait à investir dans ses écoles maternelles, pour y favoriser un suivi pédiatrique et pédagogique des enfants, pour y renforcer l'attention portée à leur santé, à leur nutrition, à leur éveil au langage et à leur développement.

Maintenir cette qualité de suivi relationnel dans le primaire demanderait d'y réduire le nombre d'élèves par enseignant. En ce domaine, la France est moins bien lotie que les autres pays développés : selon l'INSEE, en 2005, on comptait 19,4 élèves par enseignant dans le primaire, alors que la moyenne dans les pays de l'OCDE est de 16,7 et qu'en Suède ce chiffre est de 12,2. La France est l'un des pays d'Europe où l'on compte le plus d'élèves par enseignant dans le primaire, alors que c'est à cet âge que bien des choses se jouent et que les élèves ont besoin de la plus grande attention.

Certains élèves, malgré de très bons résultats scolaires, butent néanmoins sur des obstacles qui les empêchent de se réaliser. Notre principal souci doit être de lutter contre l'échec scolaire, mais il ne faut pas détourner le regard des autres difficultés. La réussite scolaire peut aussi cacher un échec social, qui n'est pas moins douloureux. L'institution scolaire doit-elle s'en satisfaire ? Je ne le pense pas. Nous avons en France l'une des jeunesses les plus pessimistes, et cela n'est pas normal. Or, je suis convaincue que les jeunes n'ont pas peur de l'avenir. Ils restent impuissants face aux choix qu'ils doivent faire. Certains étudiants ont beau avoir obtenu un Bac avec mention, ils se sentent parfois mal dans leur peau, faute de parvenir à bâtir un projet. Leur projet. Ils n'ont jusqu'à présent « réussi » que pour satisfaire les exigences de parents angoissés ; et alors qu'ils ne se sentent pas encore capables de décider pour eux-mêmes, notre système scolaire les enjoint, dès 18 ans, d'opter pour une filière universitaire, et une seule.

Il me semble que l'école, si elle doit être une école de la vie, doit avant tout offrir un abri à nos enfants, un abri où ils puissent grandir en sécurité, prendre le temps se construire, et de mûrir leurs choix. A l'abri de la concurrence effrénée et exacerbée qui caractérise la société dans laquelle nous vivons, et qui conduit certains parents à faire peser sur les épaules de leurs enfants une pression étouffante et les empêche de se construire dans la sérénité. Si elle est une porte d'entrée dans la société, l'école ne doit pas être à l'image de la société, concurrentielle, exigeante et prédatrice. L'école doit aussi permettre aux jeunes de répondre à leur soif immense de culture. Dans ma région, j'ai souhaité que chaque établissement soit doté d'un professionnel de la culture rémunéré par la Région et chargé de monter des projets culturels dans chaque lycée avec les enseignants et les élèves (orchestre, théâtre, arts plastiques, cinéma, spectacles, sorties, musées) : 700 projets voient le jour chaque année, démocratisant massivement l'accès à la culture et réduisant les inégalités criantes devant la culture. Le projet « culture plus » et la fête culturelle des lycées qui réunit 5 000 jeunes tous les ans sont l'une de mes plus grandes fiertés de présidente de Région.

Le goût de la recherche – Il n'est probablement pas de période de la vie plus adéquate que les années passées dans l'enseignement supérieur pour s'épanouir dans le savoir. La place de l'enseignement supérieur est d'autant plus importante dans une « société de la connaissance » que le rôle des chercheurs, quelle que soit leur discipline, y est primordial. Ce qui est entre leurs mains, c'est l'avenir de notre pays. Et cela, nous ne l'avons pas encore assez bien compris.

Remarquer que les universités françaises ne disposent pas de moyens suffisants est devenu un lieu commun. Cela n'a rien d'étonnant, puisque la France consacre 1,3 % de son PIB à l'enseignement supérieur, et 8 700 euros par étudiant, contre 3 % du PIB et 36 500 euros dans l'Europe du Nord et aux États-Unis. Et même si elles disposent de moyens financiers plus importants que les universités, nos grandes écoles restent elles aussi bien loin de l'ambiance qui règne sur les meilleurs campus américains, comme j'ai pu le constater en me rendant à Harvard au mois de février 2008. La récente loi ne changera pas grand-chose à ce constat, car accorder l'autonomie de gestion aux universités ne saurait constituer une fin en soi. Si l'autonomie n'est pas mise au service de projets éducatifs et scientifiques cohérents, le risque est grand qu'ici aussi la concurrence « pure et simple » l'emporte sur tout autre mode de régulation des comportements : les universités se battront pour recruter les meilleurs étudiants et les professeurs aux noms les plus prestigieux, sans que cette émulation soit réellement profitable aux progrès de la recherche scientifique. Plus profondément, notre système d'enseignement supérieur souffre d'une faible attractivité du métier de chercheur et d'une absence d'incitation des meilleurs étudiants à poursuivre leur formation jusqu'au niveau du doctorat.

Malheureusement, comme le dit le personnage joué par Fabrice Luchini dans le dernier film de Cédric Klapisch, *Paris*, le propre d'un chercheur, en France, c'est surtout de chercher à joindre les deux bouts... C'est grave. Pour que la France conserve son rang international, nous devons donner le goût – et les moyens – de la recherche à nos étudiants, quel qu'en soit le coût. Des chercheurs épanouis, créatifs et compétitifs, cela n'a pas de prix. Pourquoi, sinon, les facultés américaines offriraient-elles des ponts d'or aux meilleurs de nos chercheurs ? Donner à nos chercheurs l'envie et les moyens de rester en France doit devenir une priorité nationale. Cela passe bien évidemment par une revalorisation substantielle de leur rémunération et surtout du statut social accompagnant leur diplôme. La France, du fait de son

système de concours et de grandes écoles est l'un des
rares pays où le doctorat ne confère pour ainsi dire
aucun statut social. Seuls les docteurs en médecine
se font chez nous appeler « docteurs » – au point que
le terme est devenu pour nous synonyme de « médecins » ! –, alors qu'ailleurs un docteur de n'importe
quelle discipline est considéré comme tel.

Il reste également beaucoup à faire pour que la
société en général et les entreprises en particulier
s'ouvrent au monde de la recherche universitaire.
Les entreprises commencent tout juste à percevoir
qu'elles n'ont que peu à gagner d'une spécialisation
étroite des formations professionnelles supérieures.
Le plus souvent, trop de spécialisation contribue à
enfermer nos jeunes dans des « moules » où ils se
trouvent à l'étroit et ne parviennent pas à donner
toute la mesure de leur originalité. Dans d'autres
pays, il n'est pourtant pas rare que des entreprises
recrutent des diplômés en philosophie ou littérature
pour les mettre au marketing ! La singularité des
profils individuels est profitable dans tous les
secteurs d'activité. C'est ce que commencent à
découvrir certaines entreprises, qui participent par
exemple au programme « Phénix » permettant à des
étudiants d'universités parisiennes engagés dans un
master de recherche d'être embauchés en entreprise
directement en CDI à la fin de leurs études.

La création de « pôles de compétitivité » était elle
aussi censée favoriser la création de synergies entre
les chercheurs et des entreprises. Mais les moyens

ont jusqu'à présent été saupoudrés. Surtout, la logique de leur mise en place ne correspondait pas au vrai problème, qui n'est pas tant de faire venir les entreprises sur les campus que de permettre aux chercheurs de devenir eux-mêmes entrepreneurs. Pour cela, il faut certes mettre en place des « incubateurs » à proximité des centres de recherche, pour offrir aux chercheurs une assistance dans la création d'entreprises et le dépôt de brevets.

Le pôle des éco-industries que j'ai créé en Poitou-Charentes va dans ce sens : pour relever les défis de nouvelles façons de produire, plus écologiques, notre tissu de PME avait besoin de pouvoir faire appel à des chercheurs et des développeurs travaillant sur des brevets nouveaux. C'est comme cela que Sandra Martin, créatrice de Futuramat, entreprise produisant des sacs en plastique végétal biodégradable, a pu développer son activité.

Inciter à la créativité et à la prise d'initiative : voilà l'état d'esprit qui manque encore à nos universités. Cela vaut autant pour les enseignants-chercheurs que pour les étudiants. Pour ces derniers, cela implique de réformer en profondeur le premier cycle universitaire. Il faut rompre avec une spécialisation excessive qui oblige les étudiants à opérer des choix précoces, généralement déterminants et difficilement réversibles. Les étudiants devraient, au contraire, n'avoir à opter qu'entre trois grandes filières : une scientifique, une d'« humanités classiques » (histoire, philosophie, lettres),

170

et une d'« humanités modernes » (économie, sociologie, psychologique, droit et sciences politiques). L'encadrement pédagogique au cours de ces premières années doit aussi être considérablement renforcé : non content de devoir opérer des choix importants pour leur avenir, on impose en plus aux étudiants de le faire seuls, sans personne pour les conseiller et les orienter. Le suivi pédagogique dans le supérieur ne doit plus être l'apanage des classes préparatoires aux grandes écoles. Ainsi pourrons-nous enfin espérer que plus de 60 % des étudiants qui entrent dans notre enseignement supérieur en sortent avec un diplôme, chiffre qui nous place pour l'heure très nettement au-dessous de la moyenne des pays de l'OCDE.

La place des personnes – En définitive, ce que l'on doit placer au cœur de notre système scolaire comme de notre système universitaire, ce sont les personnes. Ce n'est peut-être pas exactement ce qu'Alain Touraine entend par « acteurs », mais ce n'est pas non plus l'élève en tant que simple élève ou l'enseignant en tant que strict enseignant. Mettre les personnes au cœur de l'école, c'est réaffirmer que toute relation pédagogique est avant tout une relation humaine. Je crois que la palme d'or du Festival de Cannes qui vient d'être attribuée cette année au film de Laurent Cantet, *Entre les murs*, témoigne de la pertinence de cette idée. Tout notre système scolaire n'est rien sans les élèves, étudiants, professeurs, chercheurs, tuteurs, directeurs d'établissements et personnels administratifs qui le font vivre. Tous contribuent à ce que chacun puisse remplir sa mission. Mais cela demande à la fois du temps et de l'espace.

Nous pourrions trouver des solutions pour donner aux enseignants des lieux de travail, et leur permettre non seulement de passer ponctuellement dans leurs établissements pour donner leurs cours, mais d'y rester durablement et de s'y sentir à leur place. Il leur faudrait pour cela des bureaux où ils pourraient assurer des permanences. Trop souvent l'interaction entre enseignant et enseigné se limite au cours, et l'élève qui voudrait parler à son professeur n'a d'autres solutions que de chercher à le voir rapidement à la fin de celui-ci. Or, comme le souligne Alain Touraine à fort juste titre, les élèves qui viennent des milieux défavorisés sont généralement ceux qui, lorsqu'ils font face à un problème, ne peuvent trouver un appui que chez l'enseignant.

Tout cela est encore plus vrai à l'Université, où le manque de locaux confine parfois au scandale et où les étudiants, plus qu'ailleurs, sont livrés à eux-mêmes. La plupart du temps les enseignants y sont en effet plus préoccupés par leurs recherches que par leurs étudiants, parce qu'en France la carrière des enseignants à l'Université ne dépend que de leur travail de chercheur, et en aucun cas de leur investis-

172

sement dans des tâches pédagogiques. Il est impensable que cette situation perdure : d'une manière ou d'une autre, il faut aboutir à ce que les enseignants du supérieur, comme ceux du secondaire, soient justement récompensés pour leur travail pédagogique de manière à ce qu'ils soient logiquement incités à suivre individuellement leurs étudiants.

Étudiant, enseignant, tuteur : tous doivent se voir dotés au sein de l'Université d'un rôle clair et d'une place visible. Avoir sa place dans la société n'est pas un vain mot ni purement symbolique : cela correspond très prosaïquement à quelques mètres carrés dans un bâtiment. Mettre les personnes au cœur du système scolaire, cela commence en définitive par leur offrir à chacun une place. Les enseignants ont une mission de première importance à remplir dans et pour notre société, il n'est donc pas concevable de les maintenir dans des positions souvent marginales, quand elles ne sont pas tout simplement invisibles. C'est cela, aussi, redonner sens à leur mission.

2.

POLITIQUE

LA CONFUSION DE L'ÉTAT ET DE LA SOCIÉTÉ

Alain Touraine

Deux types de relations entre l'État et les acteurs sociaux – Dans certains pays les acteurs sociaux dominent l'État. Quand on y parle du pouvoir on parle de la bourgeoisie. Dans d'autres, parmi lesquels la France, les catégories *politiques* apparaissent toujours plus « nobles » que les catégories sociales. Celles-ci dépendent des premières et n'ont pas de rôle déterminant dans la vie politique. A l'intérieur de ce qu'on appelle le mouvement ouvrier, c'est l'action politique qui a occupé la place centrale dans ces pays, tandis que dans d'autres, ceux qui sont devenus social-démocrates, c'est le syndicalisme qui a commandé l'action politique, comme en Grande-Bretagne ou en Suède. En France les grands accords collectifs n'ont pas été le résultat de négociations entre le patronat et les syndicats, mais de compromis élaborés par l'État et que les « partenaires sociaux » doivent accepter. Un cas extrême fut celui de la réduction de la semaine légale de travail à 35 heures. Le président du patronat, Jean Gandois, démissionna de sa fonction pour protester contre le caractère unilatéral des décisions prises. Ce qui explique la faiblesse des syndicats en France : en dehors des grandes entreprises publiques, où ils reçoivent d'importants avantages et exercent parfois une vraie cogestion, le pouvoir syndical est si faible que l'adhésion à un syndicat semble inutile au salarié, surtout dans les petites entreprises. Pour les Français leur histoire est dominée par la *Révolution* dont l'œuvre essentielle fut la chute de la monarchie, la disparition des privilèges et aussi la Terreur et la résistance victorieuse aux offensives des monarchies européennes ; et ils aiment à voir en Napoléon le continuateur de la Révolution. Dans l'histoire du XIXe siècle ils portent plus d'intérêt à la guerre scolaire entre catholiques et laïcs qu'à tous les grands conflits sociaux. Et le risque d'une guerre provoquée par un autre État est constamment présent parmi eux. L'importance donnée à la Commune de Paris vient de ce qu'elle fut un mouvement national et politique autant que purement social. Les sciences sociales, à cause de cette situation, ont été en France considérées comme inférieures aux disciplines plus nobles qu'étaient la philosophie et l'histoire. A l'inverse de la France, dans d'autres pays, c'est la société ou plutôt la classe sociale dominante qui semble commander l'État. L'analyse critique faite ici de l'idéologie française ne doit donc pas être unilatérale. Il n'existe aucune raison de penser que les sociétés industrialisées avancent nécessairement vers un modèle libéral qui cherche à libérer le marché des interventions volontaristes de l'État et aussi de l'action des forces sociales organisées. La pire erreur qu'on puisse commettre dans l'interprétation de l'analyse présentée ici serait de la considérer comme inscrite dans une telle idéologie libérale. J'adopte ici un point de vue bien différent : après la période d'*économie administrée* qui suivit la guerre, nous avons vécu une période de *néo-libéralisme* et nous entrons maintenant dans une période dont l'objectif principal est de *contrôler les activités économiques* pour sauver l'environnement, pour réduire la masse de la misère et diminuer les inégalités ; pour lutter aussi contre les catastrophes d'origine aussi bien naturelle que sociale et politique. On voit de plus en plus se construire de nouvelles politiques industrielles, pour gérer des technologies dont les progrès sont trop rapides pour résister à l'arrivée au sommet de l'économie mondiale de nouvelles puissances, comme la Chine, l'Inde et peut-être la Russie.

Il ne faut pas davantage identifier le modèle français à la droite ou à la gauche. L'une et l'autre ont souvent donné la priorité à l'État sur la société.

C'est pourquoi, à gauche, le Parti *communiste* a longtemps été plus puissant que le Parti socialiste, comme la droite *nationale*, bonapartiste ou gaulliste, a été plus puissante que la droite libérale, qui n'est arrivée au pouvoir suprême, au cours du dernier demi-siècle, qu'avec Valéry Giscard d'Estaing. Le patronat est aussi faible en France que les syndicats de salariés.

La résistance de l'étatisme – Le reproche qu'on peut faire à cette interprétation est qu'elle semble ne pas prendre en compte le bouleversement du dernier demi-siècle. Peut-on parler de l'État national comme on pouvait le faire au temps de la « grande guerre » ou au moment où le général de Gaulle relevait la France par la force de sa volonté plutôt qu'avec l'appui, bien tardif, de la majorité des Français ? L'affrontement de l'Ouest et de l'empire soviétique, la globalisation de l'économie et de la culture populaire, le développement rapide des nouvelles technologies dans tous les domaines ne permettent plus de croire à un *volontarisme politique* qui est devenu impossible à partir du moment où l'Europe a perdu sa position hégémonique. Même la construction de l'Europe est de moins en moins un projet politique et s'inscrit plutôt dans les transformations de l'économie mondiale.

180

L'étatisme modernisateur ayant reculé sous les coups de la globalisation libérale et le libéralisme politique n'ayant rencontré en France qu'un succès très limité, la France, comme d'autres pays européens, s'est trouvée empêtrée dans un mélange de volontarisme et de corporatisme, dont les grandes entreprises publiques sont des exemples extrêmes. Le monde de l'enseignement et de la recherche en est aussi un exemple presque parfait. On ne sait plus si les grands organismes publics de recherche concentrent trop de moyens sur de grands projets, parfois discutables, ou si ces organismes, au lieu de travailler pour la recherche, ne sont pas souvent au service des chercheurs qui font fonctionner le système pour s'assurer le maximum de garanties.

Les entreprises nationalisées étaient incapables du fait de leur statut d'entrer en concurrence avec des entreprises étrangères sur les marchés internationaux. Une conclusion s'impose, ce *mélange d'économie administrée et de gestion corporatiste* que nous avons connu ou connaissons encore n'est capable ni de grandes réussites économiques ni de projets de transformation sociale. D'où la conclusion : il faut d'abord sortir de ce marécage pour redonner aux acteurs économiques leur compétitivité et à l'État sa capacité d'élaborer des projets conformes aux demandes de la population.

Le mode de pensée qui a exercé une si forte influence en France pendant un demi-siècle n'a pas été plus à gauche que dans d'autres tendances ; il a

181

été indifférent, aveugle ou hostile, à l'égard des acteurs sociaux. François Mitterrand n'était pas un homme d'extrême gauche, bien qu'il ait été, dans ses déclarations et ses décisions, le plus anticapitaliste des dirigeants européens. Inversement, les étudiants de mai 68 ou les ouvriers de Lip un peu plus tard n'étaient pas des modérés ; ils ont pourtant porté mieux que les autres une vision de la société en termes d'acteurs, de mouvements, d'engagement de la personnalité. Le Parti communiste lui-même, si bon représentant d'une vision « objective » de la société, fut-il de gauche ou d'extrême gauche ? Non, il fut avant tout intégré au système soviétique. Au tournant du siècle, s'éleva une polémique entre Tony Blair et Lionel Jospin pour savoir lequel des deux était le moins « à gauche ». La question n'avait pas grand sens, quand on pense que quelques années plus tard la direction du PS français s'est engagée à défendre le projet de constitution européenne mais que ses membres l'ont rejeté.

La tendance « étatiste » s'est maintenue. Au cœur de la grande grève de 1995 se forma un mouvement à l'intérieur de la CGT qui attaqua même le secrétaire général de cette confédération, Bernard Thibault. Cette tendance demandait une intervention plus forte de l'État dans la vie économique ; elle reçut l'appui de quelques intellectuels, comme Pierre Bourdieu. Un fort mouvement d'opinion soutint cette tendance qui annonça une nouvelle vague de mouvements révolutionnaires qu'elle voulait coordonner et renforcer. Exemple extrême d'une histoire inventée, car il ne se passa rien et l'analyse faite par ces quelques syndicalistes et intellectuels se révéla vite être un contresens. Mais l'intéressant est que des intentions pratiquement sans portée reçurent un appui massif de milieux intellectuels qui retrouvaient à cette occasion le rêve de leur vie : renforcer le contrôle de l'État sur la société car la société n'était que le masque de la domination capitaliste. Et seul l'État peut opposer un pouvoir à un autre pouvoir avec une efficacité que les acteurs sociaux ne peuvent pas obtenir par eux-mêmes.

Les guérillas – Plus important encore mais également étranger à la réalité fut le mouvement des *guérillas* en Amérique latine. Tout le continent a été dominé, encore plus à l'extérieur qu'à l'intérieur, par les guérillas et surtout par celles qui s'engagèrent, à la suite du régime cubain de Fidel Castro, dans la lutte contre l'impérialisme. Les guérillas furent l'expression politique directe de la théorie de la *dépendance* sous sa forme radicale. La situation de dépendance, disait-elle, interdit la formation d'un mouvement de masse et même d'une avant-garde de type léniniste. La seule action possible est d'affaiblir l'État, maillon le plus faible du système de domination. C'était déjà la vision de

Fidel au moment où il arriva au pouvoir. Il rejeta tout de suite les actions de type national-populaire qui dominaient le champ politique en Amérique latine. Il décida, dès son premier voyage à l'extérieur, aux États-Unis, que la lutte de libération nationale devait tout commander. L'affrontement avec les États-Unis étant jugé inéluctable, une alliance étroite avec l'Union soviétique devenait nécessaire.

Mais ce que Fidel avait réussi en menant son action dans la Sierra ne le fut par aucune autre guérilla après lui. La violence n'eut pas d'effet mobilisateur; au contraire, en particulier au Pérou où les paysans appuyés par leur syndicat à Cuzco résistèrent à l'action de Sendero Luminoso. La critique la plus lucide des guérillas est venue de Marcos et de l'Armée zapatiste de libération nationale formée dans le Chiapas. Plus de « foco » révolutionnaire, mais au contraire un appui fort et direct de la population maya, lié à un effort pour relancer l'esprit démocratique dans l'ensemble du Mexique. Les résultats ne furent pas à la hauteur des espoirs suscités, surtout après la défaite de Lopez Obrador à l'élection présidentielle mexicaine. Mais l'opposition avec les guérillas reste totale. D'un côté, une action de rupture menée depuis l'extérieur par une jeunesse politisée; de l'autre, un mouvement en premier lieu paysan et ethnique avec une très grande capacité d'initiative et plus encore une immense capacité de mobilisation de la jeunesse de plusieurs continents. On comprend que les actions révolutionnaires aient constamment eu une capacité de mobilisation : mais l'expérience a montré que l'action politique, aussi grandiose que puisse être son sacrifice, ne peut pas obtenir l'appui de la population sans participer à ses luttes sociales, comme le rappelle l'exemple du sacrifice de Che Guevara.

Il faut échapper à la fois aux catégories rigides et vite inadaptées imposées par l'État à la société, et aux catégories plus confuses qui correspondent à une période de déclin des social-démocraties créées au XXe siècle et qui se réduisent de plus en plus, d'un côté à des politiques d'assistance et de l'autre à la conquête de l'État par des groupes de pression.

Essayons de reconstruire un espace social qui ne dépende pas de l'État et qui permette aux acteurs d'être maîtres d'eux-mêmes et respectés dans leur dignité comme dans leurs appartenances sociales et culturelles.

L'égalité des chances – Donnons en toute priorité un contenu réel à l'idée d'égalité. L'égalité des droits, si elle est une notion fondamentale qui est l'expression des droits de l'homme, est un principe en amont de l'action politique et qui ne peut donc pas être au service d'une décision politique.

C'est pourquoi on parle plus volontiers d'*égalité*

185

des chances mais c'est ici que le bât blesse. Dire que les soins médicaux sont accessibles à tous et que chaque soldat peut trouver dans sa gibecière un bâton de maréchal est trop constamment démenti par les faits pour nous convaincre. Ceux qui viennent du haut de la société et ceux qui viennent d'en bas n'ont pas les mêmes chances d'entrer dans les meilleurs lycées et d'être soignés dans les meilleurs hôpitaux et par les meilleurs spécialistes.

Il faut donc déplacer l'analyse et redéfinir l'égalité des chances en prenant en compte les obstacles à surmonter. Pour que riches et pauvres, descendants de familles éduquées et immigrés, aient les mêmes chances, il faut que ce soient ceux qui sont défavorisés au départ qui soient aidés à surmonter de formidables obstacles et non pas les privilégiés qui n'ont pas de peine à sauter les barrières.

Cette formule montre la nécessité d'interventions le plus souvent publiques qui cherchent à réduire le handicap de certaines catégories. Tel est le but de mesures simples comme l'octroi de bourses à des étudiants que leur famille ne peut pas prendre en charge.

A ce premier complément de la définition de l'inégalité des chances il faut en ajouter une autre, plus difficile à définir. Les obstacles rencontrés, le manque d'informations, les préjugés contre certaines catégories, etc. entravent la formation de projets. On voit, au cours de la jeunesse, bien des individus réduire leur niveau d'attente par rapport à leurs niveaux antérieurs d'aspiration. Bien des *étudiantes* ont montré que souvent elles sont amenées à réduire leurs attentes à un niveau inférieur à celui des garçons. L'égalité des chances suppose non seulement qu'on réduise les obstacles à surmonter mais aussi qu'on libère les projets, la volonté, l'espérance, la confiance en soi de ceux qui ont le plus d'obstacles à surmonter. L'école devrait le faire, mais aussi la famille et toutes sortes d'associations. Mais les institutions défendent rarement les individus contre le poids des obstacles qui les ont empêchés de former des projets positifs et à l'inverse poussent les individus confrontés à de grandes difficultés vers des solutions illégales, dangereuses ou désespérées. Il n'y a pas de politique d'égalité ou de réduction des inégalités sans l'affirmation très forte que les possibilités de la plupart sont très au-dessus de ce qu'ils feront mais qu'ils s'habitueront à attendre moins de la vie en se sous-estimant eux-mêmes.

Le bilan est simple à définir. L'activité, le travail, la compétence reçoivent trop peu ; la rente et la spéculation, surtout immobilière, mais aussi mobilière, a pris une part très excessive du produit national. L'État doit rendre ses services plus efficaces, ce qui est indispensable pour faire face aux charges anciennes et nouvelles de la protection sociale.

Renforcer le Parlement – Mais à quelles conditions ce « doit » peut-il se réaliser ? L'idée d'une société délivrée de tout rapport à l'État, qu'il s'agisse d'autogestion ou d'une pure économie de marché, ne peut pas être défendue. Parce que la démocratie est un principe d'intervention dans la vie économique et sociale au nom de valeurs proprement politiques, comme l'égalité, la liberté, la justice. La critique de l'État et de ses empiétements dont je viens de rappeler la nécessité doit être complétée par la recherche d'une *démocratie* capable de protéger les acteurs sociaux, leurs initiatives et leurs droits. Ce rôle protecteur ne peut pas venir pour l'essentiel d'en bas. La démocratie *participative* est un bon remède contre les insuffisances de la démocratie représentative, mais elle n'a pas la force et l'unité nécessaires pour faire reculer l'État. La seule manière de sortir du mélange inefficace, socialement comme économiquement, de l'État et des forces sociales est de renforcer la démocratie représentative et en priorité absolue le *Parlement*. Les pouvoirs de la Chambre des communes britannique ou du Congrès américain sont plus considérables que ceux de l'Assemblée nationale française. Une réforme constitutionnelle n'est acceptable que si elle comporte un renforcement important du pouvoir de l'Assemblée, qui n'exerce pratiquement plus en France l'initiative des lois, qui est passée

188

aux mains de l'État et dont l'action est limitée par l'application des directives européennes. Il faut même aller au-delà de la notion de démocratie représentative; il faut parler au moins autant de *gouvernement parlementaire*. Nous sommes habitués à définir les partis comme étant de gauche ou de droite, c'est-à-dire par les catégories sociales qu'ils représentent. Mais le pouvoir du Parlement n'est important que si cette fonction représentative est fortement associée à ce qu'on peut appeler un « *pouvoir* » du Parlement, c'est-à-dire sa capacité d'imposer ses décisions au gouvernement, en particulier en refusant les crédits qu'il demande.

Le Parlement doit faire respecter la *séparation* de l'État et des organisations sociales, qu'elles soient économiques, sociales ou culturelles. Plus on évolue vers une Constitution présidentialiste et plus le pouvoir parlementaire doit avoir la possibilité de mettre des limites à l'action des autres pouvoirs. La France est extrêmement éloignée de cette solution, qui devrait pourtant être présentée avec beaucoup de force dans la période actuelle. Députés et sénateurs considèrent comme une réussite suprême d'être nommés ministres; il faudrait au contraire établir *l'incompatibilité* des deux fonctions. Les membres du gouvernement devraient être choisis ou bien par le parti majoritaire lui-même dans le Parlement ou bien, lorsque la Constitution n'est pas parlementariste, en dehors du Parlement. Le renforcement du pouvoir du Parlement est la seule manière de mettre fin au mélange destructeur des fonctions de l'État et des partis ou des associations qui défendent des intérêts particuliers.

Je viens de montrer la nécessité de rendre à l'État sa capacité d'action dans un monde ouvert et changeant et de se séparer des groupes d'intérêts qui transforment tant de secteurs gérés par l'État en corporatismes protégés. Mais le déséquilibre de cette analyse serait évident si je n'appelais de mes vœux un État plus actif et la nécessité d'un Parlement renforcé ainsi que le besoin que nous ressentons tous les jours de *mouvements sociaux* qui entraînent de vastes secteurs de la société pour les défendre contre les forces dominantes au niveau national et au niveau international. Aujourd'hui ces sensibilités et ces mouvements vivent hors du champ de la politique, des partis et d'une grande partie des médias. Il n'y aura de renaissance du système politique que quand un parti, un individu ou un courant d'idées organisé aura entrepris de donner une expression politique à une nouvelle génération de demandes sociales. Mais si nous savons formuler cette analyse, nous ne voyons pas, ou pas encore, dans notre univers social et politique le lieu ou s'opérera cette fécondation de l'action politique par de nouveaux mouvements sociaux et de nouvelles sensibilités sociales et culturelles.

Les médias – Ce qui rend cette fécondation plus difficile, parfois même impossible, c'est le rôle des médias, qu'il s'agisse de la presse dite sérieuse, parce qu'elle ne touche qu'un petit nombre de lecteurs, ou des innombrables magazines consacrés à la santé, au sexe, aux people, aux voyages ou à n'importe quel sport, mais toujours en détruisant la « conscience politique », même quand on parle de populations affamées ou de villes détruites par la guerre. La radio et Internet qui maintiennent un rapport de proximité plus fort avec l'auditeur méritent plus souvent que les autres médias la confiance de leur public. Mais l'importance des médias nous rappelle ce qu'est la relation entre faits sociaux et discours politique aujourd'hui encore. En fait on ne voit d'un côté que les victimes, leur souffrance et parfois leur révolte et de l'autre des hommes politiques, des idéologues, dont les discours prétendent révéler au peuple sa « vraie situation » et lui proposent des réponses fondées parfois sur la raison, parfois sur l'émotion, parfois sur les intérêts des orateurs eux-mêmes.

Comment ne pas reconnaître que les « classes éclairées », celles pour le contrôle desquelles s'étaient tant battus en France cléricaux et laïcs, avaient le monopole du sens, de la parole comme de la décision. Ce qui créait une distance qui n'était remplie et débordée que dans des moments d'émotions « collectives » qui restaient pourtant moins conscientes d'elles-mêmes que les actions qui méritent le nom de mouvements sociaux, mais dont l'extrême importance ne doit pas cacher qu'ils ne mettent encore en mouvement qu'une partie limitée de la population.

Si on remonte aux temps pré-modernes, la situation était très différente : la domination sociale comme les croyances religieuses étaient très présentes dans l'expérience quotidienne du plus grand nombre. Mais cette présence immédiate du sacré, qu'il ne faut certes pas réduire à l'archaïque et à l'irrationnel, ne faisait partie que de sociétés de tradition, de reproduction et de contrôle. Plus nous entrons dans des sociétés qui ont une forte capacité de se transformer et d'agir sur elles-mêmes à tous les niveaux et plus le sujet personnel ne peut se former qu'en dehors de ce monde sacré et même souvent contre lui. C'est à partir de ce moment que le sujet ne se forme qu'à travers des médiations, celles de l'organisation économique comme celles des lois et des normes ou comme celles qui produisent des expressions symboliques, des mots, des images, et des actes de communication directe.

Toutes ces médiations peuvent avoir et ont des effets de détournement. Au lieu de faire monter un individu ou un groupe vers sa propre liberté, elles cherchent souvent à lui inculquer des opinions ou des croyances qui n'ont d'autre but que de servir des intérêts économiques, un pouvoir politique, une idéologie dominante. Souvent aussi elles réduisent la vie culturelle à des jeux de toutes sortes, qui créent souvent une addiction.

Mais souvent, plus ou moins difficilement, la montée de l'individu vers la conscience de lui-même comme un sujet de droits, comme responsable du respect de ses droits et de ceux de tous les êtres humains contourne les ordres, les interdits, les pouvoirs.

La conclusion vers laquelle conduit ce rappel est que plus une société est modernisée, plus les processus très divers de subjectivation y prennent de l'importance et plus, par voie de conséquence directe, les pouvoirs établis et leurs instruments de socialisation et de répression perdent de leur autorité. Les Églises, les partis et d'autres formes « solides » d'organisation sociale, comme les syndicats mais aussi les institutions scolaires, perdent de leur capacité d'exprimer et de servir les demandes les plus pressantes. Ce qui ne signifie pas que ces institutions disparaissent mais que leur influence se réduit à des choix généraux, tandis que les histoires personnelles se déroulent dans des cadres sociaux plus faibles. Il n'est pas exact de parler, comme Zygmunt Bauman, de « société liquide » mais plutôt de renversement de la hiérarchie ancienne : Églises ou partis jouent un rôle important au niveau des choix les plus généraux, au niveau des rejets plus qu'au niveau des affirmations. C'est pour cette raison que l'opposition de la droite et de la gauche, précisément parce qu'elle est très générale, se maintient et doit être maintenue. Mais ce sont au contraire les organisations les plus « légères », les plus volontaires, qui sont le cadre le plus favorable à des démarches orientées vers la découverte par l'individu qu'il est un sujet personnel, défini par des droits de portée universelle.

La condamnation abrupte de toutes les médiations et en particulier des médias audiovisuels non seulement repose sur des contresens mais encore se heurte aussi à une opinion publique, mieux éclairée sur elle-même que ne le sont certains idéologues. Mais à condition qu'il devienne de plus en plus clair que l'objectif principal ne doit être ni l'ordre, ni le respect de la tradition, et pas davantage une hystérie collective de rupture, mais l'élargissement de la conscience de chacun d'être un sujet, dont la liberté, l'égalité et la justice sont les droits fondamentaux.

QUATRE RÉVOLUTIONS DÉMOCRATIQUES

Ségolène Royal

Vous parlez de la confusion entre l'État et la société. Pour en sortir, je propose quatre révolutions
démocratiques à accomplir pour que la France
change vraiment d'époque : démocratie sociale, démocratie participative, démocratie représentative, et
démocratie territoriale.

Les Français et leur État, une longue histoire –
Les Français ne veulent pas d'un affaiblissement de
l'État mais ils attendent un État efficace, économe
et garant de l'égalité territoriale, souple, accompagnateur et qui encourage plutôt qu'il n'étouffe.
Pour cela il y a quatre types de réforme profonde à

195

conduire, et l'on voit bien que celles que propose l'actuel gouvernement sont très marginales par rapport à la modernisation puissante dont le pays a besoin. S'il est indispensable de maintenir un pouvoir exécutif capable de décider vite et bien, il ne peut le faire qu'en s'appuyant et en étant éclairé par un Parlement qui fonctionne bien, un dialogue social performant, une participation des citoyens digne de ce nom et une décentralisation qui favorise l'intelligence des territoires.

La France s'est construite par le politique et par l'État. C'est une vieille histoire : la monarchie a construit la nation pour mettre fin aux guerres civiles à l'aide des guerres extérieures. La Révolution à la fin du XVIIIe siècle, a apporté l'égalité et la liberté. La République n'est ensuite devenue sociale que par l'impulsion du politique, c'est-à-dire grâce à des vagues successives de lois progressistes, dont la chronologie raconte notre histoire politique et électorale. Les grandes lois républicaines de la fin du XIXe siècle, le Front populaire en 1936, la Sécurité sociale instaurée à la Libération en 1945, l'abolition de la peine de mort en 1981...

Oui, la France a toujours donné la priorité à l'État sur la société, à la loi sur la négociation. Oui, la France est le pays où la tradition étatique est la plus enracinée. Oui, la France est l'un des pays les plus politiques qui soient. Chez nous, le citoyen se construit par le vote, avec cette croyance que, lorsque le politique veut, l'État peut et la vie

196

change. C'est en partie ce qui explique la faiblesse historique du mouvement syndical en France, hormis quelques rares moments de poussée populaire. D'où également la longue inertie des pouvoirs locaux. D'où aussi une tradition parlementaire qui oscille entre toute-puissance et atrophie.

Qu'est-ce donc que l'exception française sinon ce rapport si original entre l'État et la société, qui a fait de notre pays ce qu'il est, avec une belle idée de la République, de la laïcité et de l'intérêt général, avec des succès magnifiques et des déclins successifs, avec des instants de gloire et des moments peu glorieux ?

La Ve République est l'expression de cette suprématie traditionnelle de l'État sur la société. Elle a d'abord été conçue pour restaurer un État affaibli par la déliquescence du régime parlementaire, avant d'être à nouveau menacée par la guerre civile. La Ve République était, à sa naissance, la soustraction d'un pouvoir d'arbitrage d'État – celui du Président de la République – à l'influence de toutes les forces sociales, économiques, partisanes ou locales, dont se méfiait par-dessus tout Charles de Gaulle. Elle était pensée pour retrouver une puissance publique centralisée tout en mettant à distance les « humeurs du pays, les conflits et les divisions », comme l'a écrit Jean-Pierre Le Goff dans *La France morcelée*.

Le fonctionnement de la Ve République a été profondément déstabilisé par les nombreuses mutations que nous avons décrites plus haut. C'est particulièrement la déréglementation liée à la mondialisation qui lui a fait perdre les outils de pilotage économique et social dont elle s'était pourtant dotée. C'est aussi la fin de la société industrielle qui a fait trembler son socle et fragilisé ses institutions. Pour remplacer les métiers et les rôles sociaux stables, il a fallu aller satisfaire son droit à l'épanouissement individuel dans la consommation et le spectacle des médias audiovisuels de masse (de ce fait les « humeurs » du pays ont du coup changé de nature).

La suprématie de l'État central a été bousculée par l'émergence de nouveaux pouvoirs : celui des collectivités territoriales ou de l'Union européenne. L'architecture juridique et constitutionnelle de la Vᵉ République reste la même, mais le régime est différent. Il a même changé du tout au tout pour devenir une démocratie d'opinion, une démocratie médiatique. Ébranlés par ces bouleversements considérables, nous avons tenu mordicus à maintenir en place trois piliers de notre tradition, qui sont pourtant les moins considérés : les pouvoirs locaux sont encore trop faibles (notamment d'un point de vue financier), le dialogue social reste très insuffisant et le Parlement anémié fait pâle figure face à ceux des autres grandes démocraties occidentales. Que dire, alors, des citoyens qu'on continue de maintenir loin, trop loin, des lieux de décision politique.

Désétatiser l'État ! – La question que pose Alain Touraine est celle de l'expression démocratique en dehors de l'État, entendons par là, ailleurs qu'au sein du pouvoir exécutif et administratif central. Ô, que je partage cette préoccupation ! Elle était au cœur de ma campagne présidentielle. C'est pourquoi, avant d'en venir à ce que je propose aujourd'hui, je tiens ici à dissiper un malentendu.

Alain Touraine parle du volontarisme devenu « impossible » et de la nécessité de « faire reculer l'État ». Entendons-nous bien sur les mots. « Faire reculer l'État », d'abord. Je prône la nécessité d'abandonner certaines pratiques traditionnelles de l'État et, d'une certaine manière, de « faire reculer » le centralisme, le bureaucratisme ou le dirigisme d'État. Mais j'y vois surtout un profond renouvellement de la puissance publique, dont la finalité doit être de faciliter l'épanouissement des individus et de leur permettre d'être acteurs de leur propre vie (comme je l'ai développé dans notre deuxième rencontre).

Or, compte tenu de la domination du vocabulaire et des concepts du libéralisme depuis deux décennies, « le recul de l'État » peut être compris comme une adhésion à ce libéralisme. Croyez-moi, je n'y adhère pas. Face aux forces qui tendent à déposséder les Français de leur vie et qui les inquiètent, nous avons plus que jamais besoin d'un État volontaire, d'un État fort. Fort de son renouvellement.

199

Quant au volontarisme, je ne le crois pas impossible. Il n'est pas et ne peut plus correspondre à une chimérique et néfaste toute-puissance de l'État. Mais il demeure cette faculté d'impulsion du politique à changer les règles du jeu. Le politique qui arbitre au-dessus et en dehors de la société, comme au temps du gaullisme des années 60, n'est plus. Celui qui met la société et ses acteurs en mouvement, en concertation permanente avec eux, est bel et bien vivant. Et utile.

Alors je le redis ici : oui, le politique doit prendre ses responsabilités, oui le politique doit trancher, parfois d'ailleurs en allant à contre-courant de l'opinion dominante. Mais les conditions dans lesquelles le politique tranche et prend ses responsabilités ont profondément changé. L'heure du politique jupitérien, omniscient et omnipotent, qui décide du destin du pays dans la solitude de son bureau, est dépassée.

Le besoin de démocratie participative – Cette expression n'a pas toujours été comprise. Il s'agit de rester à l'écoute, d'utiliser les méthodes de démocratie directe pour mieux décider et donc pour mieux réformer. Ce qu'on appelle communément l'opinion publique – je préfère « les opinions publiques » – n'a pas toujours raison, c'est entendu ; les responsables politiques non plus, d'ailleurs. On ne dirige certainement pas un pays, une région ou une ville en suivant l'opinion du moment – ce serait populiste. Mais on ne construit pas non plus une politique durable contre l'opinion – ce serait élitiste. L'honneur du politique, c'est, dans certaines circonstances, d'aller à l'encontre de l'opinion majoritaire. L'erreur du politique, c'est d'être sourd à ce que vivent et disent les citoyens. Nous avons pu nous en rendre compte encore récemment lorsque la droite s'est obstinée à vouloir faire adopter un Contrat première embauche (CPE) dont les Français ne voulaient pas. L'opinion et les citoyens n'ont pas toujours raison, mais ils ont toujours leurs raisons. Qu'il faut entendre et même écouter. C'est pourquoi j'ai dit un jour que « les citoyens sont de très bons experts de ce qu'ils vivent ». Comment ignorer aujourd'hui cette expérience des citoyens, dans une démocratie ?

La crise démocratique, que d'autres avant moi ont diagnostiquée, est certes une crise d'efficacité de l'action publique. Mais elle provient surtout de la non-reconnaissance par l'État et par les dirigeants politiques de ce que vivent les Français. L'histoire politique et électorale de ces quinze dernières années, jusqu'en 2007, a abouti à l'explosion du sentiment que les politiques « ne se préoccupent pas des gens comme nous », que l'État n'entend pas les sanglots de l'emploi, ni les pleurs de la précarité, encore moins les larmes du pouvoir d'achat ou les blessures de la violence.

201

Les polémiques successives sur les grands indicateurs statistiques de l'État en sont un des meilleurs témoignages : l'indice des prix (stable), la mesure du taux de chômage (en baisse) et de l'évolution du pouvoir d'achat (en hausse) ont été contestés, souvent à juste titre. Le discours des gouvernants qui proclamaient des chiffres était en profond décalage avec la vie quotidienne réelle.

La sempiternelle demande de « proximité » vient de là, même si elle a été souvent mal comprise. Les Français ne demandent pas aux responsables politiques de rendre compte de leur vie privée ou d'être sympathiques, mais de comprendre ce qu'ils vivent et d'agir en conséquence. La baisse des inscriptions sur les listes électorales et la montée de l'abstention viennent de là. La progression du vote dit protestataire également. Avec pour résultat ces deux coups de tonnerre électoraux qu'ont été le 21 avril 2002 et le 29 mai 2005 : la première fois, le choix du président a été dénaturé par la présence de l'extrême droite au deuxième tour ; la seconde, la vieille ambition française d'une Europe puissante a été sévèrement refusée par les Français eux-mêmes, qui l'ont jugée construite en dehors d'eux-mêmes et pas par eux-mêmes. Dépossédés. Les Français se sentent dépossédés à la fois des moyens d'agir sur leur propre vie et de la voix que la démocratie est normalement censée leur donner pour actionner les leviers du choix.

Après ces deux chocs électoraux, la campagne

présidentielle de 2007 est arrivée. Avec ses mee-
tings pleins à craquer, pour la plupart des candidats.
Avec ses chiffres d'audience d'émissions politiques
que l'on avait oubliés depuis des années. Avec une
participation électorale enfin, qui renoua de façon
inespérée avec les niveaux des années 60 et 70,
quand le vote était encore considéré comme un
devoir.

Malheureusement, depuis ce printemps démocratique de 2007, Nicolas Sarkozy n'a pas su
maintenir la confiance. Il n'a pas mobilisé les
acteurs individuels, sociaux, économiques et politiques de la société française. Le fossé entre les
gouvernants et le vécu des Français est revenu bien
vite, réinstallant la défiance. A la racine de cette
déception et de ce fossé, je vois une pratique du
pouvoir, une conception de l'État et une appréhen-
sion de la société erronés, inefficaces et sources de
désordres. Je m'y oppose fermement et je propose
d'y substituer un autre rapport entre l'État, le
politique, la société et ses acteurs.

Le moteur de mon adhésion à la démocratie participative a été, avant même que ce terme ne soit
connu, et tant décrié, mon expérience politique.
Malgré les critiques que j'ai essuyées, je tiens à
rappeler que la pratique de la démocratie participative, à gauche, ne date pas d'hier. Elle fut au cœur
de la bataille menée, il y a quinze ans, malgré l'avis
de tous les experts économiques et des notables,
contre l'autoroute qui devait traverser le Marais

203

poitevin. Par la suite, au ministère de l'Environnement, j'ai pu observer que l'absence de transparence dans la décision publique, le mépris des gens et l'omnipotence des experts pouvaient conduire non seulement à des décisions absurdes mais aussi, dans certains cas, à de véritables catastrophes écologiques. Sur les questions de gestion des déchets, de pollution des nappes phréatiques ou des énergies renouvelables, entre autres, il est contre-productif de ne pas tenir compte de l'avis des gens.

Personne ne sait tout sur tout : pas plus l'élu que le citoyen, pas plus le technicien que l'usager. Il faut savoir reconnaître la variété des compétences, et ne s'interdire d'en mobiliser aucune. C'est pourquoi tout projet politique doit s'appuyer sur une phase d'écoute et se réaliser dans le respect des gens qu'il concerne. Cela ne signifie nullement qu'on écoute sans décider, mais au contraire qu'on décide, enrichi d'une intelligence collective. C'est une méthode d'action publique à la fois juste et durable.

Pour une VIᵉ République – Il ne s'agit pas de répondre à l'éternelle et sans doute insoluble question des constitutionnalistes – régime parlementaire ou présidentiel ? – mais de proposer une solution globale et plus approfondie à la crise de notre démocratie. Il s'agit d'articuler les démocraties représentative et participative tout d'abord, de promouvoir la démocratie locale ensuite et, enfin, d'assurer la démocratie sociale. L'enjeu est bien de construire un « espace qui ne dépende pas que de l'État ». Le pouvoir exécutif central, la centralisation, portent en eux-mêmes le risque d'autisme, d'inefficacité et de dérive vers le pouvoir solitaire du président de la République.

Pourquoi une VIe République plutôt que des réformes partielles et successives dans le cadre de notre Constitution actuelle ? La France a toujours changé de régime ou de Constitution après une guerre extérieure, une révolution ou une guerre civile. Mais est-on obligé d'attendre une crise de cette ampleur pour changer enfin ce qui doit l'être ? Voilà des années que l'on commente cette crise de la démocratie qui décrédibilise l'État, la République, la politique. La liste des réformes constitutionnelles inachevées ou enlisées est longue : le cumul des mandats, l'indépendance de la justice, les modes de scrutin... Les réformes partielles n'aboutissent pas, parce qu'elles se heurtent à chaque fois au conservatisme. Il faut maintenant passer des intentions aux actes. La VIe République donnerait un nouveau départ à la France. L'engagement de décider, avec le peuple français, par référendum prouverait notre volonté de changer profondément nos pratiques politiques, administratives et sociales. Ce serait un électrochoc qui poserait les bases des nouvelles « règles du jeu » de la vie politique et démocratique.

Ces changements visent des objectifs clairs, simples, bien connus de tous, mais qu'il est temps de mettre en œuvre : la démocratie, la responsabilité, l'impartialité et l'économie de l'argent public. En voici les grandes lignes :

— dans un monde qui change sans cesse, les citoyens ne peuvent plus être tenus à l'écart des affaires publiques entre deux scrutins nationaux. Ils doivent pouvoir s'exprimer pour faire part de leurs problèmes et de leurs propositions. Ils doivent être associés à l'évaluation des politiques publiques dont ils sont les usagers – et, en toute logique, les bénéficiaires ;

— le chef de l'État doit être engagé mais il doit partager le pouvoir et rendre des comptes. Le Parlement moderne, comme partout dans les grandes démocraties, est le lieu de la délibération, du contrôle de l'exécutif et de l'évaluation de l'action publique ;

— le dialogue social doit être institutionnalisé et facilité pour que la négociation s'enracine ;

— les pouvoirs doivent être décentralisés, plus proches des citoyens et moins coûteux. Les collectivités territoriales sont les outils efficaces du renouvellement de la puissance publique ;

— les médias doivent pouvoir jouer leur rôle d'information en toute liberté. Leur financement doit être indépendant de toute autre puissance (des pouvoirs publics et des puissances d'argent) ;

— enfin, la justice doit être indépendante et responsable.

Ce livre n'est pas le lieu pour détailler chacune de ces têtes de chapitres – chacune étant incontournable et liée aux autres, mais j'aurai d'autres occasions de le faire. Insistons plutôt ici sur ce qui a fait débat : la coexistence d'une démocratie représentative et d'une démocratie participative.

Vous écrivez, Alain Touraine, que la démocratie participative n'est pas assez forte et que l'enjeu réside davantage dans le renforcement du Parlement. Selon moi, l'un ne peut aller sans l'autre. A force de ne pas écouter les citoyens, encore moins de les entendre, c'est bien la démocratie représentative que l'on met en danger.

Jacques Julliard dans *La Reine du monde*[1] a brillamment analysé ce qu'il appelle la « démocratie d'opinion » qui tend parfois à remettre en cause la légitimité de la démocratie représentative. Les citoyens ne reconnaissent plus aussi facilement qu'auparavant à leurs élus le droit de parler « en leur nom ». Sur bien des sujets, ils sont aujourd'hui en mesure de s'exprimer directement, à travers Internet, par exemple. Une loi n'est donc désormais perçue comme légitime que si elle a reçu un double assentiment : celui du Parlement bien entendu, mais aussi celui de la population et de ceux que cette loi concerne directement. De la même manière, une réforme n'est acceptée que si les citoyens y sont associés, qu'ils sont consultés à son propos et qu'ils

---

1. Flammarion, « Café Voltaire », 2007.

en comprennent la logique. Les gens n'acceptent plus une politique qui leur est imposée s'ils n'en comprennent pas le sens.

Le Parlement, pour retrouver sa légitimité, doit donc accepter de confronter son pouvoir à l'expérience des citoyens. C'est pourquoi je suis persuadée qu'accepter la démocratie participative est le meilleur moyen de renforcer la légitimité de notre système démocratique représentatif, et du politique en général.

C'est donc une architecture d'ensemble, alliant démocratie représentative et démocratie participative, qu'il faut concevoir. La démocratie participative est en ce sens une réponse indispensable pour colmater ce fossé dangereux et grandissant entre la société et l'État, pour résoudre la crise démocratique qui menace notre système représentatif. Voilà pourquoi nous devons associer les citoyens en amont au moment de la définition des problèmes et des besoins, et en aval, au moment de l'évaluation des politiques publiques mises en œuvre.

La France d'aujourd'hui ne sait pas évaluer les effets de ses politiques publiques, elle ne sait pas non plus les infléchir en cours de route. On attend bien trop souvent leur échec pour agir. Dans le fond, rien ne s'oppose à ce que le Parlement soit à l'initiative de la saisie des citoyens sur certains sujets qui les concernent très directement, sauf une conception dépassée du mandat représentatif. Rien ne s'oppose à l'utilisation du droit de pétition, si le

Parlement en est le récepteur. Rien ne s'oppose enfin à ce que le référendum d'initiative populaire, que je proposais, soit couplé à l'initiative parlementaire. Je le répète : la démocratie participative renforce la démocratie représentative en nouant un dialogue régulier entre les élus et les citoyens.

La clef de tout, c'est la République du Respect.

La République du Respect, qu'est-ce que c'est ?

C'est d'abord un État respecté parce que ceux qui l'incarnent nous respectent.

La France ne veut plus de l'arrogance de gouvernement et du règne de l'argent-roi. La République du respect, tant attendue, c'est celle de l'égalité de traitement, pas des passe-droit et des privilèges. Celle où l'État fonctionne bien, efficace et adapté aux risques d'aujourd'hui. Celle qui conduira de vraies réformes parce qu'elles seront justes et élaborées démocratiquement.

La République du respect, c'est une conduite dans le respect des services publics, aujourd'hui dramatiquement menacés en milieu rural. S'il faut un coup de jeune évident à l'État colbertiste, jacobin, centralisé à l'excès, croulant sous le poids des échelons qui s'empilent, ce n'est pas non plus le coup de balai, comme nous le subissons dans les territoires, qui constitue la solution moderne.

Qui est de droite ? Qui est de gauche ?

Alain Touraine

Le côté du système et le côté de l'acteur – Le vocabulaire politique de plusieurs pays affirme la correspondance d'une classe sociale et d'un parti. La Suède parle encore de partis bourgeois et ouvrier, mais la tendance la plus forte est à la fragmentation de ces grands ensembles qu'on appelait des classes. A la fois en termes professionnels et en termes d'emploi, la diversité des situations augmente. D'autre part, l'économie est largement *mondialisée,* de sorte que le sort de beaucoup de groupes professionnels dépend de décisions prises très loin d'eux. Il existe enfin de surprenantes absences de correspondance entre classes et partis ; le cas du Parti socialiste en France est un des plus étonnants, puisque les ouvriers y

211

sont très peu nombreux – ils sont beaucoup plus présents au Front national – tandis que les cadres supérieurs, surtout publics, représentent une partie importante de son électorat et surtout de ses militants et de ses dirigeants. Quant à la formulation la plus simple : la droite c'est les riches, la gauche c'est les pauvres, elle est malheureusement fausse, puisqu'il y a beaucoup plus de pauvres que de riches et que pourtant la droite est souvent au pouvoir.

Ce qui me conduit à reconnaître que *les catégories sociales ne sont plus le cadre où s'inscrit* la vie politique. Celle-ci n'est plus l'expression directe de conflits, d'intérêts ou de classes. Même s'il existe de manière permanente des oppositions et des conflits entre riches et pauvres, dans notre monde les centres de décision et les systèmes institutionnels sont débordés par la *globalisation* sous toutes ses formes et par des conflits nationaux, ethniques, religieux ou autres que certains définissent comme le conflit du global et du local.

Mais plus importante encore est la conséquence indirecte de cette globalisation. Elle renforce la tendance à la décomposition et à l'affaiblissement de tous les systèmes de régulation sociale qui n'ont plus prise sur des activités économiques qui fonctionnent à un niveau supra-national. Aucune institution sociale ne fonctionne plus comme un agent de régulation, ne se définit plus par les fonctions, positives ou négatives, qu'elle remplit ou par les effets – positifs ou négatifs – qu'elle produit dans les systèmes sociaux.

Nous résistons à cette vision de la vie sociale, parce qu'elle est très différente de celle à laquelle nous sommes habitués. Mais faisons encore un effort et nous voyons se dessiner un paysage plus concret de la vie sociale. Face à la domination de systèmes de plus en plus complexes sur les comportements humains et face à l'écrasement de la conception autocentrée de la société, la seule réponse possible est de défendre la capacité des individus et des groupes d'agir comme des *sujets*, c'est-à-dire de faire de *l'affirmation d'eux-mêmes et de leur liberté* la finalité principale et donc le principe d'évaluation de leurs conduites.

Nous pouvons maintenant tracer la ligne principale de division d'une société politique : d'un côté sont ceux dont le but principal est de renforcer les systèmes, y compris en incorporant ceux qui sont encore en marge de leur fonctionnement ; de l'autre ceux qui en appellent, contre les systèmes, contre toutes les appartenances et toutes les normes, à la liberté autocréatrice des individus et des catégories.

Les sociétés ne fonctionnent pas comme des organismes. Toujours nous agissons sur leur fonctionnement et en particulier sur la production, l'investissement et la redistribution. Dans le modèle occidental de modernisation nous avons concentré de manière plus forte que dans n'importe quelle autre société les ressources de tous ordres dans les mains d'une minorité dirigeante, en créant ainsi volontairement des tensions sociales extrêmes qui manifestent cette situation de domination très forte exercée par une « élite » sur une majorité. Mais pendant les deux derniers siècles les catégories dominées, citoyens, travailleurs, colonisés, femmes, se sont révoltées, ont lutté pour leur libération et l'ont obtenue dans une large mesure. A ce moment-là l'importance des luttes de classes, au sens le plus général, commence à diminuer. Et c'est tout l'ensemble des rapports sociaux et de nos représentations qui s'en trouve bouleversé. Aujourd'hui l'opposition principale n'est plus entre l'élite dirigeante et la majorité des catégories subordonnées ou exploitées. A l'intérieur d'une population de plus en plus fragmentée et qui donc ne peut plus défendre des intérêts de « classe », il existe une opposition de plus en plus nette entre ceux qui veulent *renforcer les systèmes* à tous les niveaux et ceux qui cherchent surtout à sauver et à développer la *capacité de défense* des individus et de l'ensemble des groupes sociaux.

Le premier de ces « partis » cherche à développer les *réseaux*; le second « parti » cherche à créer ou à défendre le plus de diversité et de *pluralisme* possible, comme le font les écologistes qui luttent contre la disparition d'espèces animales ou végétales et de cultures humaines. Il ne serait pas difficile d'appliquer cette opposition générale à beaucoup de domaines d'action. Régis Debray l'a fait à sa

manière, en opposant dans la vie politique française
« *républicains* » et « *démocrates* » mais mon jugement est plus favorable aux seconds. Les premiers
cherchent l'unité et l'intégration ; les autres défendent la diversité. L'école est l'un des lieux principaux de conflits entre les deux « partis ». La volonté de défendre l'unité et l'homogénéité du système
scolaire s'oppose à une pédagogie et à une gestion
qui favorisent le pluralisme des modes d'apprentissage et surtout le renforcement des relations entre
enseignants et enseignés.

A l'heure actuelle la division entre les partis ne
suit pas l'opposition que je viens d'indiquer. On a
même l'impression qu'une partie de la gauche la
plus pro-étatique se rallie à des valeurs qui étaient
classées plutôt à droite.

L'économie délinquante renforce la droite –
Partout on parle de la criminalité contre les personnes et les biens qui augmente, du risque couru par
ceux qui vivent dans certains quartiers. Ce thème
prend une force particulière quand il s'applique à
des quartiers de *banlieue* – ou, dans d'autres pays, à
des secteurs centraux en décomposition. On parle
de l'impossibilité d'y faire respecter la loi ; on décrit la force de l'économie illégale, du « business »,
comme l'a noté Didier Lapeyronnie, étudiant une
zone marginale de Périgueux. On insiste sur le tra-

fic et la consommation de drogue. Peut-on classer ces populations d'un côté ou de l'autre de la ligne de démarcation que j'ai tracée ? Si je choisis cet exemple extrême, c'est parce qu'il permet lui aussi de séparer des catégories définies objectivement, et des attitudes opposées qui existent partout les unes à côté des autres. Les réseaux de trafic de drogue ou de biens volés, les bandes de jeunes qui s'affrontent pour le contrôle d'un territoire, ont la même logique que le parti de *l'ordre,* même s'ils font régner un ordre illégal. C'est plus clair encore pour tous ceux qui ont peur de menaces venues des étrangers qui, pour échapper à la misère, acceptent des salaires très bas et risquent de créer du chômage ou encore qui créent de l'insécurité par leur recherche d'argent par tous les moyens. Appartiennent au même parti, mais à un autre niveau économique, ceux qui vivent plus dans une économie internationale que sur un territoire défini socialement et nationalement et aussi ceux qui sont entraînés par toutes sortes de propagandes commerciales ou idéologiques à vivre dans un univers fictif de « *people* ».

Bien différents, mais appartenant au même parti général, sont tous ceux qui cherchent avant tout à protéger ce qu'ils ont acquis, et qui par exemple ont formé en Italie et surtout en Italie du Nord, le noyau principal de l'électorat de Silvio Berlusconi.

Ce qui définit ceux qui sont de l'autre côté. Ils ne sont plus ceux qui sont exploités, dominés et chas-

216

sés de leur maison, de leur quartier ou de leur emploi, mais ceux qui, menacés ou non, se définissent d'abord par leurs *droits,* donc par leur volonté de survivre, d'avancer, souvent à travers des revendications organisées. Une autre catégorie, plus souvent cachée que visible, participe au mouvement : ceux qui sont entraînés par leur imagination plus que par leurs intérêts, que ce désir se traduise par des actes de type artistique ou d'innovation culturelle. Même s'ils sont parfois tentés de troquer leur vote de gauche contre un vote de droite, beaucoup de professionnels et de membres des classes moyennes actives appartiennent au parti de la recherche de soi et de la création.

Les « sans » – Un aspect de plus en plus important des transformations de la vie politique est que l'affrontement central, la lutte de classes des salariés sont de plus en plus remplacés dans l'action politique concrète par la défense des « *sans* », non par misérabilisme, mais parce que la critique la plus dure qui puisse être faite à des systèmes de plus en plus globaux est de renforcer dans la société la part d'*exclusion,* de précarité, de marginalité, qui devrait reculer. Dans certaines sociétés riches ce monde des « sans » ou des *précaires* se développe plus rapidement que dans d'autres, surtout là où des enrichissements sans action productive, accroît

217

naturellement les inégalités et fragilise ceux qui dépendent d'un emploi salarié. C'est la logique des grands ensembles économiques de laisser au bord de la route et souvent en mauvais état, des sans-papiers, des malades âgés, des jeunes qui sont entrés dans la délinquance, des immigrés pourchassés, des SDF qui ne sont pas tous des marginaux, mais qui ont été écrasés par la conjonction d'une perte d'emploi et d'une rupture dans leur vie personnelle.

Nos sociétés continuent à cacher leurs misères mais elles ne font pas disparaître ceux qui y sont jetés. Ce sont des catégories d'individus définis par une privation, un *manque*, tandis que la notion de prolétariat, aussi négative dans sa définition, évoquait en fait une force de libération. Au contraire, la conscience des « *sans* » leur fait apparaître les systèmes économiques comme des mécanismes d'exclusion et de marginalisation. Pour sortir de cette obscurité, ceux qui sont exclus doivent nous apparaître comme porteurs de droits universels, du fait des privations dont ils souffrent. Les actions de défense des sans-papiers, des réfugiés politiques, des « boat people » ne font pas naître en nous l'image d'une catégorie sociale particulière exploitée ou dominée, mais au contraire l'image du contenu universaliste des droits de l'homme dont les exclus, les travailleurs précaires et bien d'autres sont privés.

Il est vrai que les actions *humanitaires* peuvent

être utilisées par des dictateurs pour sauver leurs intérêts, mais il est plus important de comprendre qu'elles touchent un large public, parce qu'elles font apparaître comme des êtres humains ceux et celles qui sont rejetés dans un monde inhumain. Ceux que l'ordre social définit et rejette comme des « sans » nous apparaissent comme des victimes d'une économie globalisée et de politiques indifférentes à la misère.

Faut-il maintenir à la fin de ces analyses l'idée introduite au début qu'il faut encore distinguer *deux* camps pour ne pas dire deux classes ? Oui, parce qu'il ne s'agit pas de séparer des groupes d'intérêts ou des courants d'idées ; il s'agit bien de séparer deux « camps » qui ne sont pas définis de l'intérieur, mais de l'extérieur, d'un côté par la subordination du politique à *l'économique*, de l'autre par la volonté de lutter pour une *culture considérée comme création de soi*.

Si on cherche à résumer la position défendue ici, on peut dire qu'elle est aussi éloignée des formulations héritées de la société industrielle et maintenues très souvent de manière rhétorique par des partis *socialistes ou communistes* idéologiquement conservateurs, que d'une conception *libérale* qui nie l'existence des conflits sociaux et voit plutôt partout des tensions et aussi des compromis. Pour les libéraux, il n'existe pas de lieu central ; les sociétés sont fragmentées ou soumises au pouvoir impersonnel des marchés, de la technologie et aussi

219

des conflits politico-religieux qui embrasent le monde. C'est de la seconde de ces positions que je me sens le plus éloigné, de la négation des conflits sociaux. Car je ne peux pas séparer l'idée de l'action de la société sur elle-même, de la conscience des *dominations,* des *conflits* et des *mouvements sociaux.*

La gauche, quand même – Pendant les premiers siècles de la société moderne, quand la monarchie absolue s'appuyait sur une Église qui la rendait sacrée, l'opposition, ce qu'on a appelé plus tard, dans les régimes parlementaires, *la gauche*, en a appelé à la souveraineté populaire, à la nation contre les privilèges, à la République contre les monarchies. L'idée du *contrat social*, développée par Rousseau et dont Hobbes avait été le premier défenseur, donna à la société la légitimité qu'elle refusait au roi. L'extension du capitalisme renforça cette tendance. Alors que la droite combattait pour l'indépendance et même pour le rôle dominant du marché, la gauche en appelait, en appelle encore, à l'intérêt public, tel qu'il est défini par la volonté du plus grand nombre. Rien à redire à cette définition classique, séculaire, des camps opposés.

Sauf que cette société et cette volonté générale dans lesquelles on a mis tant de confiance, se sont de plus en plus souvent transformées en domination d'une élite post-révolutionnaire ou en communautarisme, de « race », de culture ou de religion, de sorte que ce qui devait assurer la liberté de tous, devint, dans les mains d'un dictateur ou d'une élite parlant au nom du peuple, l'instrument de destruction de la démocratie et de création d'États autoritaires et de plus en plus souvent totalitaires.

Ce renversement est devenu visible dès le moment où la Terreur renversa les principes et les méthodes de la Constituante. Au XXe siècle on a vu des régimes totalitaires s'emparer d'une grande partie de la planète et le Reich hitlérien et le régime soviétique se partager l'Europe, peu avant que la victoire du Parti communiste chinois donne à celui-ci un pouvoir absolu sur une population immense. Comment peut-on encore en appeler au peuple souverain sans s'inquiéter de la facilité avec laquelle cette noble idée abstraite se renverse en son contraire, la dictature du prolétariat devenant une dictature sur le prolétariat.

Depuis l'époque, encore si proche, de l'affrontement en Europe de deux régimes totalitaires, nous sommes contraints de renverser, à notre tour, la définition de la gauche, c'est-à-dire de la politique d'opposition à tous les régimes autoritaires. La gauche ne peut se définir que par la défense des droits humains contre tous les pouvoirs. Cette défense n'est pas simple, on l'a vu souvent à propos de la religion, du respect des religions mais aussi de la défense de la liberté religieuse.

Il est vrai que l'on peut être tenté de renoncer à l'idée de gauche, comme il faut renoncer, je le crois fermement, à celle de socialisme, puisque ce mot a si souvent été employé par des régimes totalitaires, comme synonyme en fait de communisme, mot qui déjà a disparu de lui-même, puisqu'il a nommé plus souvent un régime qui combattait la gauche qu'un parti d'extrême gauche.

Mais je vois les plus grands inconvénients à jeter l'enfant avec l'eau du bain. La définition socialiste comme la définition républicaine de la gauche doivent être abandonnées; mais le conflit entre la volonté de pouvoir et la liberté du sujet n'a pas disparu et rien n'indique qu'il va disparaître. En changeant de contenu, il se radicalise plutôt qu'il ne disparaît. Ceux qui restent attachés aux anciennes formes de la vie politique se dissolvent dans une conception de plus en plus vague et inconstante de la gauche en attendant que beaucoup d'entre eux se rallient à des politiques de plus en plus proches de celles de la droite qui, elles, restent attachées au triomphe du marché.

Les analyses présentées ici ne visent donc pas à recommander à la gauche française ou européenne d'être de plus en plus modérée et réformiste. Leur but est exactement le contraire : rompre avec les conceptions qui furent « progressistes » et qui sont maintenant incapables de faire rentrer dans la vie politique des thèmes qui sont au contraire vigoureux au niveau de la défense des droits de l'homme, si active dans les ONG et dans les mouvements sociaux et culturels, qui vont déjà bien au-delà de la compassion et même de la solidarité. Il faut redonner une vie politique à une gauche qui ne sait plus se définir elle-même et ce renouvellement ne peut venir que des actions et des sentiments collectifs qui depuis les années soixante du siècle dernier se renforcent et prennent conscience d'eux-mêmes.

Il est plus facile de définir la droite que la gauche. La droite rejette toutes les formes d'action volontariste pour ne pas interférer avec la logique des marchés et des « choix rationnels » de chaque agent économique. La gauche, au contraire place, au-dessus de tous les systèmes et de tous les groupes économiques, l'appel à un principe situé au-delà de la société : l'égalité, la liberté, la justice. Ce qui est plus compliqué quand il faut accorder à la fois le droit à la diversité et la nécessité de reconnaître des droits communs à tous car sans cet universalisme aucune communication n'est possible et la guerre l'emporte sur le dialogue. La gauche ne peut jamais renoncer à répondre aux demandes de justice et de lutte contre les inégalités.

LE MONDE BOUGE, LA GAUCHE DOIT BOUGER

Ségolène Royal

Les clivages dans la France d'aujourd'hui –
Comment caractériser la société française et ses
clivages? Quelle vision d'ensemble en avons-
nous? Question en apparence banale, mais qui ne
l'est pas parce que la réponse ne va pas de soi.
Question pourtant fondamentale dont la réponse
détermine pour qui et au nom de qui nous, responsables politiques, agissons prioritairement. Cette
question ne concerne pas uniquement la gauche,
mais convenons qu'elle trouve une résonance
particulière chez tous ceux qui ne veulent pas de
l'immobilisme.

Par facilité et par habitude de langage, nous parlons depuis longtemps à gauche de la nécessaire
alliance des classes moyennes et populaires. La
majorité sociologique devrait nous donner la majo-

225

rité politique. Cette conception était valide jusqu'au début des années 80. Les choses étaient simples, elles ne le sont plus autant. Alain Touraine et d'autres contestent la notion même de classe sociale, laquelle ne consiste pas seulement en une situation économique homogène – mise à mal par l'individualisation des statuts – mais aussi en une conscience de classe qui a indéniablement reculé. Elle sous-entend aussi que les cadres, les professions libérales et les non-salariés, pour reprendre les catégories de l'INSEE, constitueraient un bloc qui aurait vocation à se retrouver automatiquement à droite. Tandis que les milieux populaires et les classes moyennes devraient faire de la gauche leur représentant naturel. Cette division entre deux France me semble bien trop simpliste, et, pour tout dire, très insuffisante.

Dans le même temps où le salariat s'est généralisé, notre société est de plus en plus fragmentée par la diversité des statuts, notamment professionnels. Les catégories sociales traditionnelles n'ont plus de correspondances politiques automatiques. Je dirais moins que jamais. La société française voit ensuite l'émergence d'un nouveau groupe social, très fourni numériquement : les retraités. Ils représentent à eux seuls 30 % de la population de plus de 15 ans dans notre pays. Je ne sais d'ailleurs pas si l'on peut parler d'un groupe tant la situation des retraités diffère en fonction de leurs revenus ou de leur âge. Avec l'allongement heureux de l'espérance de vie, les retraités regroupent en fait deux généra-tions. Cette évolution historique, qui ne peut que s'accentuer, bouleverse à elle seule notre représen-tation classique de la société, qui se résume trop souvent dans un discours unique à l'attention des actifs et des salariés, qui ont voté majoritairement à gauche, le 6 mai 2007 contrairement aux retraités séduits par les promesses (non tenues) de hausse immédiate des retraites et de pouvoir d'achat, de peurs liées à la sécurité.

En raison de ces deux évolutions majeures – la fragmentation et le vieillissement de la population – la société française est désormais marquée par de nouvelles différences de vécu, ou des injustices multiples. On ne peut plus aujourd'hui réduire les inégalités à une opposition simple, où se dessinerait clairement un conflit social ou politique explicite, comme dans notre bonne vieille vision binaire qui brandit les salariés contre les capitalistes ou une partie majoritaire du salariat contre le reste de l'électorat. Nous n'avons plus de grille de lecture qui permette de tracer des frontières nettes entre des « catégories » qui formeraient la population de notre pays. Ces frontières sont multiples, fluctuan-tes et leur lecture est complexe. Essayons de recen-ser rapidement ces principaux clivages, ces diffé-rences ou ces inégalités qui traversent la société française sans vraiment se superposer, car ils nous éclairent sur l'avenir du pays et de la politique, et donc sur celui de la gauche.

Les clivages démographiques jouent désormais un rôle essentiel. Les moins de 35 ans, tout d'abord, nés avec la crise des années 70, subissent de plein fouet la précarisation de l'emploi alors qu'ils ont bénéficié de la démocratisation de l'éducation (même s'il y a débat sur la portée de ces bénéfices). Ils ont grandi dans une société débarrassée des conformismes des années 50 et 60, marquée par l'explosion des médias audiovisuels et des révolutions technologiques.

A l'autre bout, les plus de 60 ans ont connu les Trente Glorieuses de la société industrielle et ont été élevés dans une France encore traditionnelle. Ils ont souvent rencontré la « crise économique » en fin de vie active et bénéficient de notre système de retraites par répartition, lequel leur assure un revenu régulier, auquel s'ajoute souvent un patrimoine, même minime, qu'ils ont pu acquérir. Il y a, rappelons-le, une pauvreté dramatique chez les retraités – surtout les retraitées –, mais elle touche une proportion moindre de personnes âgées qu'il y a trente ou quarante ans.

Enfin, les 35-55 ans – ce cœur de la population active – doivent élever et éduquer leurs enfants plus longtemps qu'avant, reçoivent éventuellement l'héritage de leurs parents à un âge tardif, du fait de l'allongement de la durée de vie.

Les clivages de revenus ensuite. La stabilité de l'échelle de revenus est un trompe-l'œil qui dissimule une augmentation réelle des inégalités et un changement structurel de la consommation. Certes, le rapport entre le salaire moyen d'un ouvrier et d'un cadre n'a effectivement pas évolué depuis deux décennies, de même qu'entre les 10 % de la population française les plus riches et les 10 % les plus pauvres. Mais, aux deux bouts de l'échelle, les situations se sont extrêmement diversifiées. C'est le premier changement.

A l'autre bout de l'échelle, les familles très aisées ont vu leurs revenus exploser, comme le montrent les travaux de Camille Landais et de Thomas Piketty. Pendant ce temps, la majorité des salaires de ceux qui travaillent à plein temps stagnaient. Les inégalités de revenu se sont donc fortement accrues entre les plus pauvres et les plus riches, tandis que, entre les deux, pour tous ceux qui ne sont ni riches ni pauvres, les possibilités de progression professionnelle et salariale ont considérablement diminué.

La crise du pouvoir d'achat et la menace de déclassement – Ces inégalités de revenus ont été exacerbées par un autre bouleversement : le changement profond du « panier de la ménagère » ou si l'on préfère de la composition du budget des ménages. La hausse des prix cachée mais réelle, l'augmentation simultanée des prix du logement et de l'essence, et depuis plusieurs mois, la hausse des prix alimentaires : tout cela oblige les Français à modifier leurs habitudes de consommation. Ces facteurs « objectifs » sont doublés d'un changement qualitatif, plus fondamental encore.

L'économie post-industrielle dans laquelle nous vivons est, surtout, une société de la consommation, voire d'hyperconsommation. Tout notre système économique repose sur la faculté des acteurs économiques à consommer. La consommation n'est pas seulement un phénomène économique de luxe réservé aux élites ou aux bourgeoisies de nos pays, elle est devenue l'incarnation de la volonté d'épanouissement des individus modernes. A la course à l'innovation économique répond aussi une course à la consommation. L'individu ne consomme plus seulement pour vivre, il consomme aussi pour vivre mieux. Aujourd'hui, la consommation est une des expressions les plus fortes et les plus essentielles de sa liberté. La formidable vigueur du marché réside dans sa capacité à comprendre (par le marketing et l'innovation technique) et à répondre à cette volonté et à ce besoin de mieux construire sa vie (par une production à bas coûts).

Au sein de cette société de consommation, la difficulté, pour un nombre croissant de familles, à « boucler les fins de mois », n'en devient que plus cruelle. En tant que présidente de Région, je suis extrêmement frappée par l'augmentation très significative des demandes au fonds social des lycées, qui révèle la détresse d'un nombre croissant de

ménages, et pas seulement chez les plus pauvres...
Comment, dans un pays riche comme le nôtre, tant
de gens peuvent vivre avec le sentiment de « ne pas
y arriver », la crainte d'être menacés de perdre leur
emploi ? Comment en est-on arrivés à ce constat si
triste que l'impression de « descenseur social »
domine au sein d'une grande partie de la population ?

A la question des revenus et du niveau de vie
s'ajoute en effet une nouvelle forme d'insécurité
sociale : l'exposition à la précarité et la possibilité
de perdre son emploi. Cette menace que l'on subit,
qui se nomme plan de licenciement de nature
boursière ou délocalisation... Les conséquences
psychologiques et matérielles (par exemple sur la
possibilité de contracter un emprunt ou de devenir
propriétaire) sont bien sûr cruciales.

Là aussi, des nouveaux clivages existent quant au
statut de l'emploi. Un quart des salariés en France
appartient à la fonction publique ou à des entreprises publiques ; leur statut garantit la sécurité de
l'emploi. Epargnons-nous le discours qui stigmatise
les salariés « à statut ». Comme si cela constituait
un privilège inacceptable d'avoir un emploi stable
et durable ! Comme si les principaux intéressés
étaient responsables de la situation et comme si
cette différence de statut pouvait faire oublier
maints privilèges que d'autres ont et dont on parle
beaucoup moins et qui ont été encore renforcés par
le « bouclier fiscal ».

Mais il n'empêche qu'à la question de l'inégalité des revenus ou du « pouvoir d'achat » se superpose effectivement une autre différence, liée à la plus ou moins grande sécurité de l'emploi. L'exposition au chômage et à la précarité, pour les trois autres quarts des actifs salariés, est de fait plus importante que ce que les statistiques affirment. Il y a reconstitution en France de ménages disposant de faibles revenus, d'une formation initiale inférieure aux autres salariés, qui sont fortement exposés à la précarité.

Ces clivages démographiques, économiques ou sociaux se croisent sans se recouper. Il y a un autre clivage dont on a du mal à parler en France, mais qui n'en est pas moins réel : c'est le clivage lié à l'origine, à la couleur de la peau, ou au patronyme. Réalité difficile à appréhender (puisqu'il n'existe pas de chiffres précis) et délicate en raison de l'Histoire de France. Mais les émeutes de 2005 ont mis les faits cruels sous les yeux de la France entière. Oui, il peut y avoir des taux de chômage qui grimpent jusqu'à 40 % ou 50 % dans de nombreux quartiers urbains où résident des milliers d'habitants.

On le voit, les inégalités sont nombreuses et multiples en France. Différences dans les cycles de vie, inégalités de revenus croissantes cumulées à une stagnation des salaires pour la plus large partie des ménages, inégalités qui se trouvent décuplés quand l'exposition à la menace de l'emploi ou à la précarité est là, ghettoïsation enfin. La superposi-

232

tion de ces lignes de fracture ne produit pas deux France opposées, mais conduit à un espace où le lieu et le type d'habitat, la distance par rapport au centre-ville, constituent des fractures essentielles. Les centres des villes sont de moins en moins mixtes socialement ; les banlieues se scindent entre quartiers populaires et résidentiels ; les zones dites « périurbaines » croissent, où l'on vient chercher la possibilité d'être propriétaire. Conclusion : on vit de moins en moins ensemble dans la société française. Le « séparatisme » collectif à l'œuvre nourrit le repli sur soi et la crainte des différences.

Les valeurs de gauche, les outils de la gauche – Par essence, la vocation de la gauche, c'est d'être la porte-parole des salariés. Elle doit agir pour améliorer leur condition. Une nette majorité des salariés d'aujourd'hui est toujours constituée par des employés et des ouvriers. Le salariat dit « intermédiaire » s'étend pendant que le statut de « cadre » a nettement perdu ses repères (et la protection qu'il assurait). La moitié des salariés gagne moins de 1 500 euros net mensuels ; ils ne sont qu'un quart à dépasser les 1 900 euros net mensuels. Encore s'agit-il de moyennes calculées uniquement pour des salariés qui n'ont pas de contrat précaire et travaillent à temps plein toute l'année... Ce sont ces classes moyennes, diverses et nombreuses, qui sont en première ligne face aux crises de la société et de l'économie françaises. Ce sont elles qui en paient le prix le plus fort : insécurité professionnelle des parents, déclassement ou précarité des enfants, appauvrissement, insécurité tout court.

La gauche a vocation à leur parler à tous. La gauche a vocation à parler à l'ensemble du pays. D'abord parce que des cadres, des commerçants, voire des chefs d'entreprise de PME/PMI ou des entrepreneurs individuels, peuvent connaître les mêmes difficultés que la « France qui souffre », qu'on a trop longtemps réduite aux plus démunis, aux exclus ou aux travailleurs modestes. Parce que les retraités, dont on a vu toute l'importance, ont souvent les mêmes préoccupations.

Plus profondément, parce que si le principal dessein de la gauche est de refuser la souffrance sociale comme une fatalité, cette même gauche ne peut plus s'adresser uniquement à « la France qui souffre ». La gauche, au nom de ses valeurs, doit proposer une perspective et un projet d'ensemble, qui s'adresse à l'ensemble de la société.

La gauche rassemble aujourd'hui, dans sa diversité électorale, des populations disparates et variées : les quartiers « bourgeois-bohèmes » des centres-villes, une partie des fonctionnaires et « salariés à statut », nombre des quartiers populaires des banlieues, certains pays ruraux de tradition de gauche. Le travail politique, ce n'est pas d'enregistrer des demandes sectorielles, c'est de proposer des valeurs et des projets qui rassemblent et mobilisent, mais qui dans le même temps font la différence avec la droite et offrent une réelle alternative.

La gauche pourrait se définir d'abord comme la garante de nos systèmes de protection et de solidarité – Sécurité sociale, retraites par répartition, services publics. Mais cette dimension essentielle de la gauche ne doit pas être abordée sous un angle défensif, face aux remises en cause bien réelles dont ces mécanismes font l'objet (en raison du capitalisme financier ou de l'allongement de la durée de la vie).

Pour que ces systèmes publics et collectifs vivent – et il est essentiel qu'ils vivent –, il faudra aussi qu'ils évoluent. Il ne suffit donc pas de les défendre en l'état, il faut aussi en réaffirmer avec force les principes, puis appeler à leur développement et à leur extension. De nouvelles luttes sociales sont à mener. Plutôt que de concevoir les évolutions de nos systèmes de protection sociale en fonction de strictes contraintes d'adaptation comptable, il faut les reconsidérer en fonction de nos objectifs d'épanouissement de l'individu. Peut-on par exemple poser sans tabou la question de l'activité après 60 ans ? Oui, nous devons le faire, et nous devons trouver, sous certaines conditions bien sûr, les nouveaux atouts de l'allongement de la vie.

Car *la révolution des âges* est le plus beau défi de ce siècle. En un siècle, justement, l'espérance de vie a doublé. Cette révolution est si radicale que

nous ne savons même pas comment en parler. Les
« vieillards » ? Ce mot a heureusement disparu,
mais on hésite entre « seniors », « aînés », « personnes âgées », pour désigner des adultes souvent en
pleine forme qui en ont assez d'être ainsi nommés.
La notion d'âge elle-même n'a plus de sens précis
et viendra un jour où empêcher une personne de
travailler, de s'assurer ou de pratiquer un sport ou
toute autre activité parce qu'elle a dépassé un seuil
d'âge sera considéré comme une discrimination.

Le terme de « dépendance » et même celui de
« cinquième risque » ont un caractère négatif qu'il
faut revoir. La vieillesse bien portante est d'abord
une chance, la retraite doit l'être aussi : économiquement viable et socialement active. Il faut apprendre à poser un nouveau regard sur l'âge et
revoir totalement nos façons de penser. Le premier
exemple c'est notre système de retraites par répartition.

Quel projet pour les retraites – Aujourd'hui,
nous devons avoir deux préoccupations à l'esprit :
la première, c'est la situation des seniors qui sont
exposés à un chômage de masse, l'un des plus
élevés en Europe, et à qui l'on explique sans rire
qu'il va leur falloir occuper plus longtemps encore
un emploi que la situation de l'économie les empêche de trouver ; *la seconde*, c'est l'angoisse des

générations les plus jeunes qui, elles, sont de plus en plus persuadées que notre incapacité à assurer l'avenir de notre système de retraites par répartition leur impose de préparer eux-mêmes leur retraite, sans le soutien de la collectivité.

L'enjeu, aujourd'hui, est que les Français se réapproprient le système de retraite par répartition, car ce système, c'est le leur. Ils en ont assez que les dirigeants politiques ne l'évoquent que sous l'angle des déficits publics. Ils en ont assez qu'on leur demande de travailler plus longtemps alors même qu'il n'y a pas d'emploi et, en tout état de cause, pour percevoir des pensions d'un montant toujours plus faible. Ils en ont surtout assez de ne plus rien comprendre à ce système où s'entremêlent des régimes de pensions multiples, des décotes et surcotes calculées au vu des fins de carrière, des rachats d'années d'études dans des conditions obscures, des avantages familiaux différents d'un régime à l'autre, des dispositifs « carrière longue » réservés seulement à quelques-uns... et un discours ambiant qui leur dit : « De toute façon, vous n'aurez rien car le système se sera effondré d'ici là et il est temps, pour préparer votre retraite, de commencer à épargner par vous-mêmes. »

Je propose que la gauche fasse sien le projet d'une évolution profonde de l'ensemble de nos régimes de retraite de base vers un système inspiré de la réforme suédoise, dans lequel chaque cotisant dispose d'un compte individuel sur lequel il accumule des points tout au long de sa vie active de façon à déterminer le montant de sa pension au moment où il choisit de partir en retraite.

Thomas Piketty a beaucoup travaillé sur cette question. A partir de plusieurs constats et notamment du fait de l'empilement des régimes et des modes de calcul, plus personne ne sait quels seront ses droits à la retraite.

Il en va de l'efficacité de notre économie. La retraite par répartition devrait constituer la première des sécurités face à l'avenir, en encourageant la prise de risque et la mobilité professionnelle. Pour cela, il nous faut assurer la transparence des droits pour des travailleurs qui seront de plus en plus exposés à la mobilité professionnelle. Il nous faut également assurer la viabilité financière du système, non pas en disant aux Français : « Vous paierez plus et vous toucherez moins », mais en organisant un système de garantie du système par répartition dans le contexte de la transition démographique. Et cette garantie, c'est le Fonds de réserve des retraites, que nous devons continuer à alimenter au lieu de le vider comme le gouvernement en a l'intention.

La Suède a mis dix ans, c'est vrai, raison de plus pour commencer vite, à réaliser cette réforme, sur le fondement d'un grand consensus associant les partis politiques, les partenaires sociaux, la société civile et les citoyens eux-mêmes. A l'arrivée, les caractéristiques du système sont les suivantes :

— le système reste par répartition et les cotisations des salariés financent les pensions courantes. Dans le même temps, le compte individuel de chaque travailleur mesure en euros les droits à pension sur le long terme. Un lien clair et direct est établi entre contributions des travailleurs et droits à pension ;

— au terme de sa vie active, chaque travailleur a accumulé un patrimoine retraite, revalorisé tout au long de la vie, qui lui donne droit au versement d'une pension mensuelle calculée en fonction de l'espérance de vie moyenne de sa classe d'âge ;

— les salariés les plus modestes sont avantagés dans un tel système, puisque les carrières longues permettent d'accumuler un patrimoine plus important. La prise en compte de toutes les années de cotisations permet aussi d'éviter que les travailleurs à carrière longue subventionnent de fait ceux qui ont eu une carrière plus courte mais de fortes revalorisations salariales en fin de carrière.

Bien sûr, la transition vers un tel système sera difficile et prendra du temps.

Dans une situation aussi critique que l'est celle de la France aujourd'hui, il n'y a qu'une seule façon d'être réaliste : c'est de regarder ce qui marche ailleurs et d'en prendre le meilleur en ayant le courage d'avancer.

Voilà quelques questions complexes auxquelles la gauche d'avenir doit apporter des réponses crédibles dans les années qui viennent. Pour que nos garanties collectives et sociales demeurent, il faut qu'elles évoluent et qu'elles prennent en compte de nouveaux besoins et les nouvelles menaces qui pèsent sur les individus. Nous ne devons pas défendre le système existant sans en prévoir les écueils. Nous ne devons pas tenir un discours conservateur et immobile. C'est le plus sûr moyen de condamner ce que justement nous voulons défendre. La gauche ne peut être seulement une « garante », un rempart contre les remises en cause de la droite. Elle doit promouvoir des modèles modernes, viables et ambitieux de protection collective. Elle n'aurait jamais dû cesser de le faire.

Une personne en formation doit être considérée comme un salarié – La gauche a généralement assis sa crédibilité sur des réponses concrètes apportées aux problèmes du travail et des inégalités de revenus. Des questions en découlent, qui restent en suspens : la gauche peut-elle être le parti de l'emploi stable et durable ? Doit-elle aussi être le parti de l'augmentation des revenus modestes et d'une justice redistributive ? La gauche « sociale », « traditionnelle », la « gauche de la gauche », que parfois l'on oppose à une gauche « sociétale », répond clairement oui à ces questions. Eh bien, au risque de surprendre, moi aussi ! Mais à condition de bien s'entendre sur les mots et les outils à employer dans la nouvelle donne économique et culturelle mondiale.

L'emploi stable ? La gauche ne peut plus être limitée à la revendication de l'emploi stable, tel qu'on le concevait dans la société industrielle des Trente Glorieuses. Elle doit désormais être le parti d'un salariat sécurisé et accompagné pour que les personnes soient stables, malgré les perturbations professionnelles, en capacité d'agir, et non de subir, dans une économie mondialisée. La baisse du chômage sur fond de départ à la retraite des baby-boomers ne résout pas tout, loin s'en faut. Elle n'empêche pas la multiplication des contrats précaires ; elle n'empêchera pas les mutations des entreprises.

La France, on l'a vu, est confrontée à la mondialisation et à l'économie post-industrielle : 6 millions de salariés travaillent pour l'exportation. Dans cette économie-là, un emploi stable dans une même entreprise tout au long d'une carrière, constitue une exception de plus en plus rare. Chaque jour en France, ce sont 10 000 emplois qui sont détruits et 10 000 créés, tandis que 30 000 personnes perdent leur emploi et 30 000 en retrouvent. C'est dire la tâche immense de formation à fournir ! C'est la personne qu'il faut accompagner, et son parcours professionnel qu'il faut sécuriser, son revenu qu'il faut stabiliser, sa dignité avec un lien contractuel qu'il faut protéger.

241

Il y a là pour la gauche un défi à relever : faire en sorte que les hommes et les femmes puissent retrouver la maîtrise de leur vie professionnelle, changer d'emploi quand ils le souhaitent, ne pas s'enfoncer des mois voire des années dans le chômage, lorsque le secteur d'activité ou l'entreprise dans lesquels ils travaillent connaissent des difficultés.

Permettre aux Français de se réapproprier durablement leur parcours professionnel suppose en fait de les munir d'outils efficaces pour affronter une concurrence sans cesse accrue sur le marché du travail, et dont deux catégories d'actifs sont particulièrement victimes.

Les jeunes sans qualification tout d'abord, qui faute de titres à faire valoir, ne savent bien souvent ni s'orienter ni se « placer » auprès d'employeurs. Je rappelle en effet que chaque année presque 120 000 jeunes sortent du système éducatif sans autre diplôme que le brevet, et que trois ans plus tard 42 % d'entre eux sont au chômage. Nous devons tout faire pour changer cela. Nous devons faire en sorte que chacun puisse sortir avec une qualification, un diplôme, une compétence reconnue. Et mettre en place des systèmes de rattrapage et d'orientation qui conseilleront ces jeunes, comme cela se passe au Québec par exemple. Ou créer l'engagement première chance comme je le fais dans ma région pour les jeunes sans qualifications.

Il nous faut aussi nous occuper des salariés âgés

qui, jetés sur le marché du travail après une longue carrière dans la même entreprise, se trouvent démunis dans la recherche d'un nouvel emploi, pas forcément conforme à leur parcours antérieur. Leur expérience passée est difficile à valoriser et leurs diplômes sont souvent périmés.

Quand on demande aux gens s'ils ont reçu une formation dans le mois précédent, 7 % seulement des Français répondent positivement, alors qu'ils sont entre un quart et un tiers dans les pays nordiques. La France consacre déjà plus de 1,5 % de son PIB à la formation professionnelle, mais ces efforts restent inefficaces pour diverses raisons : manque de coordination entre les divers organismes concernés, inégalités de traitement entre les salariés en fonction des entreprises et des secteurs d'activité, et surtout absence d'une politique globale. L'empilement des lois et des dispositifs témoigne des hésitations des gouvernements successifs en matière de politique de formation.

La France a jusqu'à présent manqué d'un projet ambitieux en ce domaine. En réalité, c'est toute la vie de travail qui doit être réorganisée : comme dans les pays nordiques, où se former et maintenir ses compétences à niveau est une habitude inscrite dans la vie de travail, il nous faut faire comprendre aux entreprises françaises qu'elles ont tout à gagner à permettre à leurs salariés de se former et de maintenir leurs compétences à niveau.

Le droit à la formation professionnelle doit désormais être lié à l'impératif de sécurisation des parcours professionnels. Tout le monde, de la CGT à l'UMP, parle aujourd'hui de « sécurité sociale professionnelle ». Mais la Sécurité sociale professionnelle, cela ne saurait se résumer à fusionner l'Agence nationale pour l'emploi (ANPE) et l'UNEDIC. Cette fusion vise simplement à faciliter le contrôle de la recherche d'emploi, sans aucune garantie complémentaire pour les demandeurs d'emploi. Elle relève d'une vision déséquilibrée des droits et des devoirs du travailleur, qui n'est pas la mienne.

Répondre véritablement à l'impératif de sécurisation des parcours professionnels implique de notre part une démarche bien plus audacieuse : il faudrait proposer la création d'une nouvelle branche de la Sécurité sociale sous la forme d'une caisse nationale de sécurisation des parcours professionnels, incluant le nouvel ensemble ANPE-UNEDIC, mais allant bien au-delà. Il y a là quelque chose de révolutionnaire à mettre en œuvre dans notre pays. C'est une nouvelle conquête sociale que nous devons mener pour les Français.

Pour redonner durablement confiance à des salariés de plus en plus marqués par les mobilités subies, il ne suffit pas d'intervenir exclusivement pendant les périodes de rupture professionnelle. Il faut prévenir plutôt que guérir. Les moyens aujourd'hui alloués aux politiques de l'emploi et de la formation professionnelle doivent désormais être gérés selon le principe d'une assurance sociale. Ce qu'il faut mettre en place c'est, comme au Canada, une assurance-emploi. De la même manière que chacun a le droit d'être en bonne santé ou de recevoir une pension de retraite, chacun devrait avoir droit à la formation pour s'adapter aux besoins de l'économie et, au-delà, construire en toute liberté son propre parcours professionnel.

Une caisse nationale de sécurisation des parcours professionnels pourrait être mobilisée à la fois pour financer la formation initiale des jeunes non encore actifs et la formation continue des salariés et des demandeurs d'emploi. Chacun, à tout moment de sa vie active, pourrait ainsi exercer son droit à la formation dans le cadre d'un régime d'assurance sociale. Cela impose aussi de faire évoluer notre système de Sécurité sociale vers une logique interprofessionnelle, afin de permettre à chacun de mobiliser individuellement son droit à la formation au profit d'un projet de reconversion professionnelle. Ainsi, les salariés d'un secteur d'activité en déclin pourraient bénéficier des fonds de la formation professionnelle pour acquérir des compétences leur permettant d'accéder à un nouvel emploi dans un secteur plus porteur.

Permettre aux salariés d'être bien qualifiés et bien formés tout au long de leur vie active, développer des emplois de qualité, c'est un objectif que s'était donné la Commission européenne au début des années 2000, et qui a été laissé de côté depuis. C'était l'un des objectifs que les chefs d'État de l'Union européenne s'étaient donnés en adoptant la Stratégie de Lisbonne. Aujourd'hui, la Commission européenne préfère développer l'idée de « flexicurité » pour, dit-elle, permettre à la fois aux entreprises de disposer de plus de flexibilité afin de s'adapter aux contraintes internationales et aux salariés d'avoir plus de sécurité. Je sais que ce mot est mal vécu, comme le risque, que la flexibilité est toujours demandée aux mêmes.

Je crois que sur ce point nous, socialistes, sommes les mieux à même de réconcilier la France avec ses entreprises. Aujourd'hui 70 % des patrons de PME se disent mécontents du pouvoir qui a avantagé la rente et le CAC 40. Oui, les entreprises ont besoin d'être dynamiques, l'État ne doit pas les enfermer dans des réglementations tatillonnes, mais doit au contraire aider leur développement, notamment pour les plus petites d'entre elles qui peinent souvent à grandir. Mais je ne peux pas laisser penser que le développement des entreprises passe par la précarisation des salariés. Nous savons que c'est tout le contraire : les entreprises ont besoin de salariés productifs, bien formés, stables, qui ont confiance en eux et qui sont en mesure de s'investir sereinement dans leur travail. Les pays nordiques ont choisi la voie de la sécurisation des parcours professionnels et c'est ce qui explique en grande partie leur compétitivité.

On mesure en effet combien un tel système pourrait contribuer à réduire dans notre pays les inégalités entre les travailleurs, à redessiner pour tous des perspectives d'avenir et, tout ceci allant ensemble, à motiver l'activité professionnelle. Au lieu de subventionner des emplois peu qualifiés, de développer des emplois à horaires courts et mal payés, d'inciter à des heures supplémentaires défiscalisées, nous devons tout faire pour assurer à tous des parcours professionnels de qualité. Car des Français mieux sécurisés, ce sont des Français plus confiants, qui n'hésitent plus à prendre des initiatives.

Ce n'est certainement pas en terrorisant les gens, en les menaçant de sanctions pour les obliger à reprendre n'importe quel emploi, qu'on peut leur redonner confiance en eux. La sécurisation des parcours professionnels, au contraire, permet de rebondir, de progresser ; elle donne l'envie de se former, elle développe l'esprit d'entreprendre. Ce faisant, je suis convaincue qu'elle peut très fortement contribuer à stimuler notre croissance économique, et donc, à créer des emplois stables.

La redistribution et le partage des richesses – L'autre dimension de l'identité de la gauche traditionnelle, je l'ai dit, est la redistribution des revenus et le partage des richesses. Nous ne visons pas l'égalitarisme mais la justice ; nous valorisons le partage et la création de richesses, mais nous ne renoncerons pas à taxer le capital et les profits. Les socialistes ont longtemps été caricaturés comme les tenants de la fiscalité punitive, des dépenses supplémentaires systématiques, du déficit public et de la dette. Nous avons prouvé l'inverse et nous ne devons pas pour autant devenir le parti au pouvoir de l'adaptation et de la gestion.

La justice redistributive est en effet une traduction très concrète d'une solidarité qu'il faut conforter. Elle trouve l'une de ses expressions les plus fortes à travers l'impôt progressif sur le revenu, qu'il faut défendre. Je suis convaincue, comme sur les autres questions, qu'il faut faire évoluer nos outils pour rendre plus efficaces tant la redistribution qu'une fiscalité directe et progressive. Nous avons en France un niveau de prélèvements (44 % du PIB) parmi les plus élevés d'Europe (hormis les pays nordiques) et qui est quasi stable depuis de nombreuses années. C'est là un premier paradoxe, puisque depuis sept à huit ans, les gouvernements successifs, de droite, mais aussi de gauche, ont engagé des baisses d'impôts, notamment de celui sur le revenu. Certains prélèvements ont donc baissé, pendant que d'autres augmentaient; et si certains impôts ont augmenté, c'est que les financements restaient nécessaires. Pendant qu'avait lieu ce jeu de vases communicants sur les prélèvements, les déficits publics se creusaient et la dette publique explosait. La droite porte une responsabilité considérable dans la dégradation de nos comptes publics.

Deuxième paradoxe : l'essentiel du débat public

sur la redistribution et la fiscalité porte sur les finances de l'État et des collectivités locales, alors que depuis bien des années, l'augmentation de prélèvements et des dépenses publiques en France provient du système de protection sociale. Il faut en tirer plusieurs conclusions politiques, pour la gauche d'aujourd'hui et de demain.

Première conclusion : la politique de baisse d'impôts a été un échec. Elle n'a pas suscité la croissance espérée, elle a au contraire creusé les déficits et la dette. Doit-on et peut-on revenir en arrière ? Certainement pas si c'est pour revenir à l'identique. Le programme fiscal d'une gauche qui reviendrait au pouvoir dans quatre ans ne pourrait pas se résumer à remettre en cause les allégements fiscaux consentis successivement par les gouvernements de droite depuis 2002. Prenons un exemple, tiré de l'actualité. La remise en cause du paquet fiscal adopté à la suite de l'élection de Nicolas Sarkozy pourrait être l'occasion de prendre d'autres mesures comme l'augmentation de la prime pour l'emploi et/ou la baisse de la TVA sur un certain nombre de produits de première nécessité.

Comme je m'y étais engagée pendant ma campagne, la gauche doit travailler à des taux de prélèvements constants, et certainement pas en augmentant encore les prélèvements obligatoires. Deux principes doivent guider notre politique dans ce domaine. Favoriser la fiscalité directe et progressive au détriment de la fiscalité indirecte et proportionnelle. Et rééquilibrer le partage entre la fiscalité pesant sur le travail, aujourd'hui lourdement pénalisé, et celle pesant sur le capital, aujourd'hui avantagé.

Deuxième conclusion : l'État ne doit pas dépenser plus, il doit mieux le faire. La vraie réforme pour baisser les dépenses publiques, c'est une décentralisation bien organisée qui supprime gaspillages et doubles emplois. Il nous faudra augmenter certaines dépenses et en remettre d'autres en cause, en fonction des priorités et d'une sérieuse évaluation des dépenses existantes. Un euro dépensé doit être un euro utile. Ce ne sont pas que des mots ; notre pays doit cesser d'empiler des dépenses sans jamais les évaluer ni remettre en cause les précédentes. Ce n'est pas une approche comptable qui nous permettra de faire ce travail indispensable, c'est une approche politique qui inventera une conception renouvelée de la puissance publique et de l'écoute des usagers.

Troisième conclusion, enfin : le partage des richesses ne passe pas uniquement par les prélèvements et les prestations. Ce sont des outils essentiels mais qui ne doivent pas se substituer à la responsabilité des entreprises et au dialogue social. La question des salaires, du temps et des conditions de travail ne peut être seulement réglementée. Ce sont de nouvelles règles du jeu, qui permettront à la puissance publique d'intervenir de façon incitative. Pour faire en sorte que les salaires soient à nouveau

négociés au sein des entreprises, on pourrait conditionner par exemple les 65 milliards d'euros d'aides
aux entreprises.

Je le répète : les valeurs de redistribution portées
historiquement par la gauche sont toujours les
nôtres. Mais les outils doivent être profondément
revus et actualisés, c'est la modernisation du dialogue social qui permettra de sortir des blocages et
des refus de changement. La réforme de l'État et
des services publics ne peut être réussie que par
ceux qui les respectent.

Contre les désordres injustes – Alain Touraine
propose cette définition de la gauche : « La gauche
ne peut se définir que par la défense des droits
humains contre tous les pouvoirs. [...] La définition
socialiste, poursuit-il, comme la définition républicaine de la gauche doivent être abandonnées ; mais
le conflit entre la volonté de pouvoir et la liberté du
sujet n'a pas disparu et rien n'indique qu'il va
disparaître. »

Surprendrai-je en disant que je ne peux le suivre
sur ce point ? L'ambition du socialisme est bien de
permettre à chacun de vivre sa liberté et pas
seulement à quelques-uns. La gauche socialiste et
républicaine – oui, je serai ferme sur ces deux
termes – continuera de se battre pour assurer liberté
et égalité des droits, grâce à des règles du jeu

251

définies collectivement et garanties par les pouvoirs publics.

La liberté individuelle est un principe fondateur de notre République. La responsabilité personnelle en est la contrepartie naturelle. Liberté et responsabilité font partie des valeurs républicaines. La gauche ne doit pas les assumer comme des principes formels et abstraits, mais les porter de toutes ses forces comme des espérances concrètes et quotidiennes. La liberté individuelle donne à chacun la possibilité de construire sa vie, dans le respect des autres et des lois. La responsabilité implique de rendre compte de ses actes, dans son travail comme dans sa vie privée, et de reconnaître que ces actes ont des conséquences sur la vie des autres.

L'ordre juste est depuis longtemps au cœur de ma conception, non pas de la société, mais de l'action politique et de sa finalité. Il le reste aujourd'hui. Je sais combien la juxtaposition de ces deux mots a pu étonner dans la bouche d'une candidate de gauche. L'idée qu'il faut toujours « préférer un désordre à une injustice » demeure forte dans les esprits. L'ordre ne pourrait donc être injuste. La seule évocation du mot « ordre » heurte, à tort, une partie de la gauche. Alors que c'est tout le contraire qui devrait choquer puisque le désordre est la loi du plus fort. Et pourtant l'action même de la gauche tend à définir un nouvel ordre social et international, c'est-à-dire des règles du jeu qui orientent les acteurs (individus, institutions, entreprises).

Il y a plus de dix ans que je suis convaincue que les Français jugent nécessaire que la gauche prenne l'offensive sur ce malentendu. Dans *La Vérité d'une femme*, en 1996, je dressais déjà l'inventaire des désordres persistant dans de nombreux domaines – économique, social, environnemental, spirituel, international... J'écrivais que la gauche se devait de résister à ces désordres et de lutter pour l'amélioration des rapports sociaux. Depuis, ces désordres – et la violence qui en découle – ont été encore accrus et aggravés par les politiques conservatrices.

Le combat contre l'ordre traditionnel qui enfermait les individus dans la communauté, la tradition, et la religion, entamé par la Révolution française, a été remporté par les Républicains à la fin du XIXᵉ siècle et au début du XXᵉ siècle. Les grandes lois des premières Républiques constituaient une première tentative d'ordre juste, bien imparfait du reste, mais meilleur que l'ordre bonapartiste ou monarchique. Le combat contre l'ordre moral et autoritaire a été gagné, lui, dans les années 70, à la suite de mai 68. C'est une victoire essentielle, portée à l'époque par les enfants des classes moyennes, contre l'autoritarisme, le paternalisme et le conformisme. Je n'avais que quinze ans à l'époque, mais je sais tout ce que les femmes doivent à ceux et surtout à toutes celles (je pense aux lois d'Yvette Roudy) qui ont lutté pour davantage de liberté. En quarante ans, la société française est devenue beaucoup plus tolérante. Le racisme, la xénophobie et l'homophobie régressent également depuis trente ans, même si du chemin reste encore à parcourir. Mais le combat pour les libertés, loin d'être terminé, ne fait au contraire que s'élargir avec les tests ADN, le recul des garanties judiciaires et la situation carcérale épouvantable.

Allons plus loin. L'« ordre juste » signe aussi l'ambition de ne pas laisser à la droite le monopole de la lutte contre l'insécurité, la délinquance ou la violence. Non, la crise que nous vivons n'est pas seulement « sociale », au sens le plus classique du terme, certains à gauche le disent parfois de façon trop mécanique. Elle résulte d'une multiplicité de « désordres », dont j'ai déjà dressé la liste, à la fois plus nombreux, plus profonds et donc plus graves. La violence qu'ils suscitent représente une atteinte à la « sûreté », comme le dit la Déclaration des droits de l'homme et des citoyens de 1789. Sa diffusion dans la vie quotidienne sape le vivre ensemble et la légitimité du contrat social.

Le combat d'aujourd'hui doit porter contre le désordre d'une société soumise à l'affaiblissement des grands principes républicains et à la sauvagerie du « capitalisme financier ». Le résultat catastrophique c'est l'inversion de cet ascenseur social qui faisait jadis converger vers le haut les modes et les niveaux de vie des classes moyennes, et donner l'espoir à chaque nouvelle génération de progresser ; autrement dit qui garantissait à chaque génération le pouvoir de transmettre et d'encourager la suivante. Inversion qui incite ceux qui s'en sentent victimes à une violence de plus en plus dure et précoce. Cette dynamique négative explique la montée de l'abstention et du vote protestataire dans les comportements électoraux, ceux des milieux populaires qui s'éloignaient des socialistes et qui sont revenus lors de l'élection présidentielle mais aussi désormais ceux de ces « classes moyennes à la dérive » pour reprendre l'analyse pertinente de Louis Chauvel. C'est cette dynamique négative que nous devons renverser, nous les socialistes d'aujourd'hui !

FRANCE POLITIQUE 2008

Alain Touraine

Le vide social – Ce chapitre est pour moi le plus difficile à écrire car il semble concerner l'expert en politique française et en sondages plutôt que le sociologue qui cherche à faire apparaître des tendances de longue durée.

Quelques mois après l'élection présidentielle nous avons de la peine à nous souvenir de l'état politique de la France avant le début de la campagne. Jacques Chirac voulait terminer son double mandat présidentiel au « centre » et derrière lui il n'y avait pas de Premier ministre, l'un n'ayant pas assez émergé pour être visible et le second ayant été englouti par le soulèvement de la jeunesse, provoqué par une perte de confiance générale plutôt que par des revendications particulières.

Cette absence de lien entre la vie politique et les

257

nouvelles réalités sociales se sent alors dans tous les domaines : le silence a chassé la parole. Parmi les cas extrêmes le plus surprenant est celui du mouvement féministe. J'ai montré moi-même l'importance d'un nouveau féminisme qui met en cause les orientations culturelles les plus générales de notre société et qui entraîne aussi bien les hommes que les femmes. Pendant les mois qui précédèrent la campagne nous avons vu au contraire les médias et la scène publique envahis par des thèmes en contradiction ouverte avec tout ce qu'avait signifié le *féminisme* dans toutes ses branches. A regarder les kiosques à journaux les femmes sont redevenues des objets sexuels et une véritable passion se déchaîne pour mieux connaître la vie privée des *people*. C'est d'autant plus inquiétant que beaucoup d'idées nouvelles apparaissent aux États-Unis et dans plusieurs pays européens. Certains disent que la marche vers l'égalité n'est pas arrêtée, que des femmes pénètrent dans les lieux de pouvoir, voire même au niveau le plus élevé, mais s'il est vrai que ces changements indiquent l'affaiblissement de quelques préjugés, ils n'apportent pas de réponse active aux revendications féminines et aux innovations culturelles qu'elles ont entraînées. Dans tous les domaines l'affaiblissement de la vie publique est visible. La protection sociale n'est plus une conquête ; elle est un problème financier, si difficile à résoudre qu'il est impossible de prendre en compte d'autres risques et la lutte contre d'autres formes d'inégalité. L'exclusion, la précarité ne reculent pas et le mouvement de *rejet des étrangers*, des « autres », des homosexuels, de tous ceux qui sont marqués par une différence progresse dans beaucoup de pays, même aux Pays-Bas où leur succès paraissait improbable. La conquête durable d'un électorat populaire par le Front national avait montré depuis longtemps que ces thèmes étaient très populaires en France.

Ce sentiment de *vide* et surtout d'un décalage croissant entre les réalités et le langage politique s'éprouve dans tous les secteurs de la vie publique. Peut-on à droite se définir comme *gaulliste* un tiers de siècle après la mort du Général, dans une situation complètement transformée pendant cette période dominée par la globalisation de l'économie sous direction américaine ? Les plus convaincus des défenseurs de l'Europe ne sont-ils pas déçus de voir celle-ci de plus en plus identifiée à l'ensemble économique mondial et à son libéralisme et incapable de susciter de l'attachement, et encore moins d'enthousiasme dans la population ?

La *droite* a raté les deux chances qu'elle aurait pu saisir pendant cette longue période. D'abord, au début, elle a chassé Jacques Chaban-Delmas, refusant ainsi le pouvoir à une équipe centre-droite-centre-gauche dirigée par Simon Nora et Jacques Delors. Les Français ont presque oublié cet échec qui fut pourtant plus que celui de Jacques Chaban-

Delmas lui-même, personnage séduisant mais fragile. La seconde chance perdue par la droite l'a été dans les replis du système « d'alternance » qui a permis à François Mitterrand de se maintenir au pouvoir, tandis que les Premiers ministres soit de droite, soit de gauche essayaient de faire bouger un monarque déjà transformé en sa statue. Edouard Balladur forma une équipe dont on ne se souvient presque plus, bien qu'elle ait remporté des succès. Après ces quelques tourbillons il ne se passa plus rien à droite. Ce qui surprend, puisque Jacques Chirac est resté longtemps au pouvoir. Les années suivantes furent vides à droite, à l'exception du geste juste et courageux accompli par la France, au nom du droit international, contre la volonté américaine de déclencher la guerre en Irak. Pendant quelques mois l'hostilité du Président américain et de ses alliés à l'égard de la France donna aux Français l'impression qu'ils avaient reconquis une existence propre sur la scène internationale. En réalité les gouvernements de droite allèrent de crise en crise jusqu'à sombrer dans l'impuissance.

On a la même impression de *vide* quand on considère le *Front national*. Pascal Perrineau, qui le connaît mieux que tout autre, avait depuis longtemps expliqué qu'il ne fallait pas confondre des noyaux extrémistes avec un électorat populaire inquiet, hanté par l'insécurité créée par la criminalité montante. Les immigrés étaient repliés sur leur communauté et les nouveaux venus, arrivés de pays européens ex-communistes restaient en marge. Mais ni la droite ni la gauche ne parvenaient à séparer ce vote populaire des ex-fascistes et colonialistes attardés qui étaient à la tête du Front national. Situation qui permit à celui-ci de résister à ses crises internes. Jusqu'au jour où, en quelques mots, Nicolas Sarkozy fit éclater l'alliance choquante des noyaux fascistes et d'un vote populaire inquiet. Quelques mots que certains interprétèrent comme un ralliement de Nicolas Sarkozy au Front national, alors que c'est au contraire le Front national qui a été la principale victime de cette stratégie de l'actuel Président. La confusion est aussi grande au centre où l'ancienne UDF achève de se déverser dans le nouveau parti créé par Nicolas Sarkozy mais où apparaît François Bayrou, porté par la décomposition de la gauche et de la droite mais dont les amis regagnèrent vite la droite quand s'approchèrent les élections.

La gauche, de Blum à Mitterrand – Electoralement la France est à gauche mais la gauche politique a été dominée par les tendances *révolutionnaires,* au moins en paroles. Tout a commencé après 1920, quand la majorité des socialistes suivirent Lénine dans la Troisième Internationale. Ceux qui, comme Léon Blum, choisirent de garder la « vieille maison », au lieu de construire une social-démocratie à la française, idée et mot qui sont toujours restés étrangers à la politique française, conservèrent un discours révolutionnaire qui fut vite renforcé par les effets de l'arrivée de Hitler au pouvoir et par la formation en France même d'une extrême droite fasciste. La création, à l'initiative d'intellectuels, d'un comité antifasciste qui allait devenir le Front populaire, permit à la France de rattraper son grand retard sur la Grande-Bretagne en matière de politique sociale et 1936 fut une année de victoire et de joie : c'est l'année des accords Matignon, de la semaine de 40 heures et des congés payés. C'est aussi l'année des hésitations et même des replis face à l'appui de l'Italie et de l'Allemagne à la conquête de l'Espagne par Franco. Les socialistes s'affaiblissent ; les communistes prennent la direction des syndicats. Un peu plus tard les communistes jouent un rôle très important dans la Résistance, alors que les socialistes restent divisés ; une partie d'entre eux, sous l'influence du pacifisme, allant même jusqu'à la Collaboration. Cette domination de la gauche par le PCF a résisté à la guerre froide, en partie parce que le PS s'était compromis en gérant la guerre d'Algérie. C'est François Mitterrand qui, pour surmonter cette faiblesse, accepta un Programme commun dans lequel les projets du Parti communiste étaient largement repris par les socialistes. Cet accord permit à François Mitterrand de donner enfin au Parti socialiste la première place à gauche, mais en reprenant à son compte beaucoup des thèmes irréalistes défendus jusqu'alors par le Parti communiste. Michel Rocard, bien qu'il fût porté par un fort courant d'opinion, ne parvint pas à ébranler la ligne de François Mitterrand. La catastrophe électorale de 2002 fut elle-même impuissante à pousser le Parti socialiste vers une véritable rénovation. En fait le Parti socialiste n'est jamais sorti de son silence qui correspondait bien à son absence de projets et d'idées. Il resta enfermé dans un électorat massivement situé dans le secteur public et dans celui des cadres et des professionnels, qui n'arrivaient pas à trouver un mode nouveau d'expression politique.

Le Parti socialiste aurait pu éclater; mais il a survécu parce qu'il avait une forte implantation à tous les niveaux de la vie politique, des mairies jusqu'à l'Assemblée nationale. Mais de plus en plus son activité se réduisit à des luttes entre des courants et des personnes. Ces rivalités ne furent affaiblies ni par l'échec à l'élection présidentielle ni par le relatif succès obtenu dans les élections parlementaires. Pour ranimer ses forces le Parti socialiste décida d'organiser des « primaires » entre les candidats à la candidature. Ici s'arrête l'histoire de cette période vide où toutes les institutions démontrèrent leur absence de projets réels et leur éloignement des problèmes vécus par la population.

La chevauchée de Ségolène – La candidature et la campagne *de Ségolène Royal,* portées par un appui très fort des militants socialistes et beaucoup plus largement par une grande partie des électeurs de gauche, marquent une rupture qu'il faut essayer de comprendre. Mais cette saga de Ségolène Royal, qui passionna l'opinion publique, ne semble pas avoir exercé une influence dominante au Parti socialiste. Quelques semaines après les élections législatives celui-ci semblait avoir repris sa vitesse de croisière, se demandait qui sortirait vainqueur du prochain congrès, et quel serait l'avenir de François Hollande. On parle déjà de la prochaine élection présidentielle dans des termes semblables à ceux qu'on a toujours employés dans le passé mais qui sont de plus en plus éloignés des réalités et des demandes sociales. Le Parti socialiste perd peu à peu sa force de mobilisation, mais constitue la principale force d'opposition.

L'attention se porta sur la stratégie des candidats à la candidature sans se préoccuper de l'électorat et des problèmes généraux de la France. La *perte de contact* entre le monde politique et tous les secteurs de la vie sociale, des syndicats aux enseignants, des artistes aux entrepreneurs, des hommes de science aux hommes d'idées était si ancienne et si profonde qu'on ne l'apercevait plus. François Hollande avait été élu Premier secrétaire parce que ses camarades pensaient qu'il ne pouvait pas être candidat; néanmoins après la période électorale, les dirigeants des principales tendances, Laurent Fabius et Dominique Strauss-Kahn, devinrent progressivement moins visibles, sans pour autant que cela indique un changement d'orientation ou de génération. Ce qui fit apparaître chaque jour plus clairement que la campagne de Ségolène Royal ne fut pas seulement celle d'une candidate socialiste. Même si l'appui du Parti socialiste fut un élément indispensable de sa figure politique, l'entraînement et même la passion qu'elle provoqua ne pouvaient avoir qu'un sens : la volonté, plus ou moins clairement exprimée, de l'électorat de gauche de *rompre* avec un appareil politique qui était devenu un obstacle aux changements politiques considérés comme nécessaires. Même si Ségolène Royal après sa défaite est revenue dans les réunions du Parti socialiste, à l'université d'été de La Rochelle en particulier, l'idée demeure, au-delà des déceptions et des reniements que son succès imprévu provoqua, qu'elle est devenue l'ange régénérateur d'un Parti socialiste réduit à l'ombre de lui-même, à des joutes entre notables. Il ne faut pourtant pas oublier un aspect positif de son action : une grande capacité de gérer, au niveau national comme au niveau municipal, beaucoup de dossiers difficiles sur lesquels bien des dirigeants socialistes ont acquis une vraie compétence.

Le choix qui s'impose à Ségolène Royal est d'accepter ou de refuser la politique de *François*

Mitterrand, c'est-à-dire la création d'une *gauche plurielle,* donnant un poids important aux communistes, à l'extrême gauche, voire même aux Verts. Le PS et ses faibles alliés n'étaient pas en mesure de gagner l'élection présidentielle mais leur électorat virtuel sentait la nécessité d'une crise à la fois destructrice et régénératrice. L'opinion de gauche s'intéressait moins aux problèmes du Parti socialiste qu'à ceux du monde et de la vie individuelle et collective des Français. Si le PS avait donné tout son appui à Ségolène Royal peut-être aurait-elle gagné; mais pourquoi aurait-il donné tout son appui à celle en laquelle il voyait une menace? A juste titre, je crois, car quel que soit l'avenir des relations entre Ségolène Royal et le Parti socialiste l'ex-candidate ne peut retrouver et même dépasser les soutiens qu'elle a reçus qu'en proposant non pas une vague rénovation ou refondation mais la création d'un mouvement appuyé sur de nouvelles catégories sociales et surtout sur une analyse profondément renouvelée de la situation de la France et du monde. En réalité peu de ses électeurs croient à sa réconciliation avec l'appareil socialiste et l'issue de la campagne pour la direction du Parti socialiste est donc incertaine. Ce que beaucoup attendent d'elle, c'est qu'elle crée une nouvelle expression politique de la gauche, dans un pays qui s'est enfermé depuis longtemps, au moins depuis François Mitterrand et jusqu'à hier encore, au moment du vote sur la Constitution européenne, dans une idéologie pseudo-révolutionnaire qui ne correspond à aucune analyse et ne répond à aucun objectif concret.

Nicolas Sarkozy et les limites du libéralisme – De même que la campagne de Ségolène Royal ne s'explique pas quand on dit seulement qu'elle était la candidate de la gauche, la victoire de Nicolas Sarkozy ne s'explique pas davantage en disant qu'il était le candidat de la droite et qu'il n'a vaincu qu'en attirant à lui, par des déclarations d'extrême droite, la plus grande partie de l'électorat populaire du Front national. Après quelques mois de gouvernement les observateurs comme l'opinion publique ne peuvent plus s'en tenir à cette interprétation du nouveau Président. Mais ils hésitent à en choisir une autre peut-être parce que les caractéristiques personnelles de Nicolas Sarkozy occupent tellement l'attention, suscitent tellement de surprise, qu'on a de la peine à aller au-delà d'un personnage et à réfléchir sur le sens d'une victoire qui a pourtant entraîné une transformation rapide de la société politique française. Il est inutile de chercher à minimiser les événements, de dire que tout est effet d'annonce, que rien n'a été fait et que rien ne sera fait. Peu nombreux en réalité sont ceux qui pensent vraiment ainsi, la grande majorité sent ou pense que quelque chose est en train de changer. Essayons de définir ce changement. Ce qui suppose d'abord qu'on refuse de se satisfaire de dire que : Nicolas Sarkozy était le candidat de la droite et de son grand parti, l'UMP, et qu'il a été élu pour faire des réformes favorables à son électorat. Tout serait simple : la victoire de la droite a été d'autant plus éclatante que la gauche était désorganisée.

Ce qu'on voit d'abord, quand on sort de ces formules toutes faites c'est l'appel du Président à de nombreuses personnalités de gauche ou du centre, françaises ou étrangères. Phénomène qui ne s'était jamais produit en France et qui est rare dans d'autres pays. Très visible aussi est la création de grandes commissions, celles justement dont la composition est la plus variée et qui ont à faire des propositions sur des sujets fondamentaux : transformation de la Constitution et des institutions politiques, recherche des conditions d'un redressement économique rendu encore plus difficile dans la conjoncture où la France est placée. L'action de Nicolas Sarkozy est dirigée avant tout vers une *transformation de l'État* qui s'accorde mal avec les privilèges accordés aux plus riches. Ce qui conduit à l'hypothèse qui était déjà suggérée par les observations présentées dans nos précédentes rencontres. Le but de Nicolas Sarkozy est de rétablir l'État, de résister au mélange confus des thèmes politiques et des intérêts sociaux et de prendre des distances avec une Europe de plus en plus libérale. Quelles que soient les motivations d'une telle politique elle s'inscrit avant tout dans une logique de destruction du système mixte dans lequel la France s'était peu à peu enfoncée.

Cette interprétation peut rendre compte à la fois des aspects les plus inquiétants et des aspects les plus novateurs de cette politique. Inquiétante est par-dessus tout la politique à l'égard de l'immigration ou plutôt contre les immigrés, dont le ministre Hortefeux a la gestion. Inversement, il est difficile de refuser la remise en cause des régimes spéciaux de retraite et l'instauration d'un service minimum des transports. Ces deux types de mesures correspondent au programme de la droite pendant la campagne. Les premiers mois d'action du nouveau Président ont pu être interprétés de manière opposée : tandis que certains y voyaient un effort pour redresser l'État, d'autres insistaient sur la volonté du Président de se rapprocher des États-Unis, volonté qui prit beaucoup de formes, dont certaines étaient choquantes pour l'opinion.

La chute – Mais ces hésitations pourraient bien être balayées d'un coup de vent. Peut-être les analyses des projets politiques du Président perdent-elles beaucoup de leur intérêt si on s'aperçoit que la France n'est pas dirigée par un Président mais par Nicolas Sarkozy, personnage brillant, parfois même convaincant mais qui s'intéresse plus à son image dans les médias ou dans son miroir qu'aux effets des choix qu'il devrait faire.

Il a fasciné l'opinion qui s'est laissé charmer quelque temps mais, devant l'absence de résultats positifs et l'accumulation des menaces, elle a retiré sa confiance à Nicolas Sarkozy aussi vite qu'elle la lui avait accordée. Pourquoi sa chute dans les sondages en un moment où les chances de remontée sont faibles à cause de la hausse imprévue des prix du pétrole ? Les Français semblent lui en vouloir en particulier de ne pas faire respecter et de ne pas respecter lui-même sa fonction, de se conduire parfois comme un nouveau riche et parfois comme un homme de la rue.

Si on réunit ces jugements sur la gauche et sur la droite on est forcé de conclure à l'épuisement d'un système politique. Rien à droite, rien à gauche et on peut ajouter : rien au centre, rien à l'extrême droite et presque rien encore à l'extrême gauche.

Les journalistes politiques peuvent commenter cette étrange situation. Ils proposent des explications certainement utiles de ce vide en regardant de près le fonctionnement des partis et des résultats détaillés des élections, mais un tel vide a certainement des causes, c'est-à-dire l'épuisement d'un système politique qui a été le nôtre au moins depuis trente ans et peut-être depuis beaucoup plus longtemps. La déclaration récente de Bertrand Delanoë peut nous donner la clé du mystère. Je suis « libéral et socialiste », déclare-t-il en lançant sa candidature à la direction du Parti socialiste. Comme ces mots ont été synonymes de droite et de gauche, il nous annonce certainement un remaniement complet des catégories politiques ou plus simplement un rapprochement si grand du centre droit et du centre gauche qu'on n'arrive pas à les distinguer, ce qui était déjà le sens de la troisième voie de Tony Blair ou du Parti démocrate italien sans mentionner le cas plus extrême de l'Allemagne, gouverné par la grande coalition du Parti socialiste et du Parti démocrate chrétien. Cette constatation n'est pas dramatique car le langage révolutionnaire de tous ceux qui condamnent l'économie de marché est depuis longtemps vide de sens.

Il faut aller un peu plus loin pour interpréter ce vide. Il faut au moins en venir à ce que j'ai appelé le remplacement du paradigme économique par un paradigme social dans l'analyse de la société. Nous avions donné une importance centrale à la lutte du capital et du travail mais le sens de ces mots est devenu vague dans un monde globalisé et où existe une extrême diversité de catégories professionnelles. Il faut donc remplacer, comme je l'ai déjà proposé, les catégories économiques par des catégories culturelles et morales. Les oppositions qu'on ferait ainsi apparaître ne doivent pas être en rupture avec le couple droite/gauche mais doivent en donner une image renouvelée.

Dans une économie globalisée, traversée de

grands réseaux d'informations et agitée par des accidents de conjoncture et par des découvertes techniques, la droite souligne que la complexité des systèmes rend de plus en plus dangereux la volonté d'intervention de l'État, les plans à long terme et l'illusion de pouvoir construire une politique économique au niveau national. Cette position est renforcée par l'appui que lui a offert depuis longtemps la gauche radicale qui nous répète que la domination capitaliste est si complète qu'elle ne permet pas une action de transformation politique ou des mouvements sociaux. Malgré des différences idéologiques, ces deux interprétations se ressemblent en effet, puisque l'une et l'autre pensent que ce sont les systèmes qui commandent et non pas les acteurs qui sont en fait victimes de fausse conscience.

Face à cet objectivisme, qui me semble être la quintessence de la droite (même quand elle se croit de gauche), l'autre position insiste non seulement sur la défense par les acteurs de leurs intérêts et de leur idées mais surtout sur leur volonté de défendre un sujet menacé par toutes les pressions exercées par des systèmes. La gauche se définit moins comme la défense de la majorité que comme le respect des minorités par la priorité donnée à l'individuation sur la socialisation et par la volonté de limiter le pouvoir des États ou des communautés sur les individus.

La droite aime le calcul et l'extrême droite aime

penser en termes d'amis et d'ennemis, donc de guerre. L'extrême gauche est portée par la volonté de retrouver une identité ou une liberté perdue ; la gauche enfin cherche à étendre de tous côtés le champ de la liberté, de la diversité et de la création.

Aujourd'hui il n'existe en France ni droite ni gauche qui corresponde à ces définitions. La vie politique est au point zéro et la droite qui en appelle au général de Gaulle se trompe aussi complètement que la gauche qui souhaite un nouveau Front populaire.

Nous attendons donc des personnalités politiques qui veulent jouer un rôle de premier plan qu'elles redonnent une forme et un contenu soit à la gauche soit à la droite.

Je voudrais que ces dirigeants soient convaincus du renouvellement nécessaire de la vie politique. Et, ce qui est aussi important, de la réalité permanente d'un conflit général qui existe dans toute société moderne entre ceux qui exercent le pouvoir et ceux qui cherchent à défendre ou à élargir leur liberté d'action. Ce qui complique la situation présente est que tant d'électeurs de gauche restent attachés à une représentation devenue irréaliste de la gauche, tandis que beaucoup d'hommes et de femmes de droite continuent à défendre une vision nationaliste de la politique et de l'économie. Peut-être n'ai-je pas raison mais je suis impatient que les politiques m'expliquent pourquoi ils me croient dans l'erreur ; je les attends de pied ferme.

L'objection la plus solide consiste à rappeler que la transformation de la vie politique vient après l'entrée de la « société civile » dans une nouvelle étape et que par conséquent le moment n'est pas encore venu de transformer un système politique sur lequel ne pèsent pas encore assez fort les nouvelles demandes fabriquées par la société. Mais cette objection est bien difficile à admettre puisqu'il y a si longtemps déjà que la crise de la vie politique est ouverte, au moins depuis 2002 et peut-être même depuis François Mitterrand et sa politique de 1981. Nul ne peut dire quelle sera l'issue des campagnes actuelles mais il me semble impossible que n'apparaisse pas d'un côté ou d'un autre une candidature qui renouvelle la vie politique. La chevauchée de Ségolène Royal a fait naître des attentes ; les dirigeants politiques ne peuvent pas les ignorer. La lutte pour la direction du Parti socialiste fait naître en beaucoup l'attente de Bertrand Delanoë : on voit plus mal en ce moment qui pourrait remplacer à droite Nicolas Sarkozy qui garde la possibilité de se redresser mais qui peut difficilement en ce moment demander un nouveau mandat.

Le choix des alliances – L'idée, constamment défendue ici, qu'il faut créer une nouvelle polarisation de la vie politique française et par conséquent des liens nouveaux entre les demandes sociales et l'offre politique ne signifie pas que la vie politique doive être matériellement organisée dans un système à deux partis, de type britannique. Comme dans tous les pays qui n'ont pas un régime aussi strictement parlementariste que la Grande-Bretagne, l'espace politique a une certaine autonomie, les programmes peuvent varier et surtout des *alliances* doivent se nouer à l'intérieur de chaque parti. En fait les réflexions les plus concrètes sur l'avenir du système politique français portent sur les alliances que vont chercher à construire l'actuelle opposition et en premier lieu le Parti socialiste et en sens inverse sur la possibilité pour Nicolas Sarkozy de transformer une série d'accords individuels en un mouvement capable d'étendre l'appui au Président jusqu'à des secteurs de l'opinion qui, jusque-là, se considéraient comme appartenant à l'opposition. Cela a déjà été dit : le test principal des projets politiques du Parti socialiste réside dans les alliances qu'il envisage, étant donné qu'il est exclu qu'il puisse conquérir seul une majorité. Face à la tradition mitterrandienne, qui s'appuyait sur une vision de la gauche héritée des luttes politiques dominées par la lutte des classes, et sur la conviction qu'il faut avant tout rassembler toute la gauche, parce qu'il existe une frontière qui ne doit pas être traversée entre la gauche et la droite, est-il possible de concevoir une autre alliance, avec le centre, tel qu'il a été recréé par François Bayrou ? Des personnalités socialistes ont pris publiquement position pour ce type d'alliance, mais ce choix se heurte à un obstacle concret. François Bayrou s'est fait connaître au cours d'une brillante campagne présidentielle; mais ensuite, au moment des élections législatives, ses députés, anciens membres de l'UDF, ont rejoint le camp de Nicolas Sarkozy, puisqu'ils ne pouvaient pas être réélus sans l'appui de l'UMP. Aujourd'hui François Bayrou est presque seul, bien que l'opinion ait accepté son message et soit convaincue qu'il va tenter de créer un nouveau parti politique. Rien ne peut permettre à François Bayrou de brûler les étapes; il faut qu'il remporte plusieurs élections intermédiaires, et qu'il parvienne à créer un groupe à l'Assemblée nationale suffisamment fort pour disposer d'une vraie liberté d'action. Autant dans l'opinion publique François Bayrou a réussi à atteindre et même à dépasser ses buts, autant au niveau des partis politiques il risque de devoir attendre assez longtemps, avant de pouvoir créer un parti capable de négocier une alliance avec le Parti socialiste.

La conclusion à tirer de cette situation est que la transformation du Parti socialiste doit nécessairement *précéder* le choix de nouvelles alliances. La *priorité* est à une *transformation de la gauche.* C'est seulement une telle transformation qui rend possible la formation d'un parti de centre gauche. Aujourd'hui tout ce qui retarde la décision indispensable de transformer en profondeur, quasi complètement, ce qu'on appelle le Parti socialiste ou la gauche crée de la confusion et diminue les chances d'une renaissance. Autant le thème des alliances est politiquement décisif, autant une stratégie politique efficace dans l'opposition actuelle ne peut se former que si une priorité absolue est donnée à la transformation du Parti socialiste. C'est après une telle transformation que pourrait être posé, dans une conjoncture tout à fait différente, le problème des alliances.

Il y a des conclusions auxquelles on ne peut pas échapper. La droite a voulu faire sa transformation, renforcer son unité, éliminer la menace du Front national, grâce à Nicolas Sarkozy. Les critiques contre sa politique économique, qui favorise les riches ou les très riches ne peuvent pas faire oublier que l'axe principal de son action n'est pas de défendre les intérêts de ses « amis » mais de reconstruire pour la France une capacité suffisante de décision, de compétitivité et de modernité. La gauche de son côté, pour retrouver sa force, doit être capable d'unir de nouvelles demandes sociales et culturelles à une analyse d'un monde où la place de l'Europe moderne et en particulier celle de la France diminuent dangereusement.

Mais ces paroles d'encouragement se heurtent à la situation présente. La tentative de Nicolas Sarkozy a été détruite par son propre comportement qui lui a retiré l'appui de ses députés. Quant à la gauche elle est, pour plusieurs mois encore, paralysée par l'élection du nouveau dirigeant du Parti socialiste. Jusqu'à quand faudra-t-il que la vie politique patauge dans les illusions perdues avant de retrouver un terrain solide où elle puisse gérer rapidement son renouvellement ?

Impossible ici d'échapper à l'actualité ; mais il faut essayer de la traverser. La France, plus que d'autres pays, a voulu être la terre de la politique, parce qu'elle avait été la terre de la Convention, de Napoléon et de De Gaulle. Elle a défendu cette réputation au-delà du raisonnable car, pendant qu'elle discourait sur la Révolution, elle aménageait des solutions centristes bien peu révolutionnaires. Si ce choix peu glorieux semble réaliste il faut le dire et ne plus parler que de combinaisons et de concessions. Mais la société française est plus vivante et plus active que son gouvernement. Ce qui appelle deux solutions possibles : de nouveaux mouvements sociaux ou une renaissance vigoureuse de la vie politique. Aucune des deux n'est inscrite dans le marc de café. Mais en dehors de ces deux formes de rupture, il ne nous reste comme avenir que la médiocrité et la chute.

LE PARTI SOCIALISTE, UN PARTI D'AVENIR

Ségolène Royal

Le PS à l'heure des comptes (électoraux) – « Ségolène Royal était devenue l'ange régénérateur d'un PS réduit à l'ombre de lui-même »... « Rompre avec un appareil politique qui était devenu un obstacle aux changements politiques »...! Alain Touraine, on ne peut pas dire que vous n'êtes pas audacieux ! Vous me chargez d'une mission historique, dont ma campagne présidentielle a été le premier acte et dont le but serait, face à l'épuisement d'un système politique, de réaliser une nouvelle expression politique de la gauche. Je suis d'accord. Mais pas au prix de casser le Parti socialiste tel qu'il est pour reconstruire une force progressiste entièrement nouvelle. Ma démarche est celle-ci : remettre en mouvement le PS pour relan-

279

cer la gauche et prouver qu'une autre politique est possible face aux dégâts et aux destructions d'une droite à laquelle rien ne résiste.

Mais votre constat sévère est très utile car il est à la mesure de l'effort à fournir. Comme vous, je pense que rien ne garantit au PS sa survie. Raison de plus pour le bouger en profondeur et mettre l'appareil au service d'une cause et non l'inverse. Car la qualité, à la base, des hommes et des femmes qui s'y engagent – et de ses élus – mérite que nous restions optimistes. Comme vous, je pense que cette transformation du PS doit précéder le choix de nouvelles alliances.

Commençons par ce qu'il ne faut jamais oublier en politique, puisque c'est le juge de paix : l'analyse électorale. Les résultats électoraux nationaux du PS sont bien meilleurs en 2007 qu'en 2002, à l'élection présidentielle comme aux élections législatives. Ses résultats locaux, dans les régions, départements et municipalités ont rarement été aussi favorables. Il dirige aujourd'hui la quasi-totalité des conseils régionaux, une nette majorité de conseils généraux, et la majorité des villes de plus de 20 000 habitants, phénomène plus prononcé encore dans les grandes métropoles du pays.

Mais voilà vingt ans que la gauche n'a plus franchi le seuil de 50 % des votes lors d'une élection nationale. Notre dernière victoire remonte à plus de dix ans, en 1997, victoire étroite et sans atteindre cette barre des 50 %, que nous n'avons approchée qu'aux deuxièmes tours des élections régionales de 2004 et municipales de 2008. La gauche et le PS ont été absents du second tour de la présidentielle 2002 et ont perdu en 1995 comme en 2007. Lors des trois derniers premiers tours des élections présidentielles, l'ensemble des candidats de gauche et d'extrême gauche n'a pas dépassé 42 % des suffrages, pour atteindre même, le 22 avril 2007, 37 % seulement.

Tout se passe comme si le PS était donc le parti d'opposition privilégié des Français, face à une droite nettement dominante dans les scrutins décisifs depuis une quinzaine d'années. Les Français adhèrent aisément à la gauche locale, pas à la gauche nationale. C'est là un premier paradoxe qu'il faut relever : à la force locale se combine l'insuffisance nationale, de la gauche comme du PS. On dit que la France n'est pas à gauche. Pour autant, je ne pense pas qu'elle soit non plus « à droite », il ne me semble pas exact de dire qu'il y existe une droitisation de la société française.

Deuxième leçon qu'il faut retenir de l'analyse électorale : le PS obtient avec régularité un score compris entre 20 et 25 % des voix, sauf à de rares exceptions – telle est sa norme électorale. Depuis plusieurs années, les partenaires historiques de l'Union de la gauche (PCF et PRG) ou de la Gauche plurielle (les Verts) n'obtiennent pas plus de 5 % chacun lors des élections nationales, et souvent moins. Ils peuvent obtenir plus, notamment aux municipales, en fonction des personnalités ou des traditions locales. Mais en tout état de cause, l'union de la gauche et la gauche plurielle, ces deux alchimies politiques qui ont fait certains de nos succès de jadis (pas tous, pas celui de 1988 que l'on oublie trop souvent), sont loin d'être aujourd'hui majoritaires.

Deux autres forces politiques ont émergé ces dernières années. La première, c'est l'extrême gauche, « la gauche de la gauche » ou la « gauche antilibérale ». De 5 % à la présidentielle de 1995, date de sa renaissance, elle est passée à près de 11 % à la présidentielle de 2002, pour obtenir plus de 8 % à celle de 2007. Même si elle a connu un repli aux régionales de 2004, les dernières élections municipales indiquent un enracinement évident qui lui manquait jusqu'à présent, y compris dans des régions où il n'y a pas de tradition d'extrême gauche – je pense à la Bretagne. L'extrême gauche est désormais une réalité politique forte de ce pays, et la gauche ne peut prétendre atteindre ce seuil de 50 % que j'évoquais plus haut sans en tenir compte.

Une autre force politique, qui n'appartient pas à la tradition et à la famille de la gauche, a aussi émergé et on ne peut pas ne pas l'évoquer : c'est le centre, bien entendu. Depuis les régionales de 2004, il dépasse 10 % et peut même atteindre, comme François Bayrou le 22 avril 2007, jusqu'à 18,5 % des voix, avec 85 % de participation. Aux élections locales de mars dernier, le Modem n'a pas été présent partout, mais dans certaines villes, souvent importantes, il a approché ou dépassé la barre des 10 %. Que la stratégie de François Bayrou et du Modem ait échoué à force de confusion et de contradiction entre les deux tours de mars dernier ne retire rien à cette réalité : bien des maires de gauche ont été élus avec des représentants du Modem sur leur liste et quand il n'y avait pas de représentants, les électeurs du Modem les ont soutenus. Moi-même, au deuxième tour de la présidentielle, j'ai obtenu 17 millions de voix parce que 40 % des électeurs de François Bayrou du premier tour – soit 3 millions de voix – se sont reportés sur ma candidature. C'est une réalité électorale qu'il serait dommage d'oublier ou d'occulter. Surtout quand il s'agit de faire mieux la prochaine fois !

Pour résumer cette analyse rapide, et le faire sans détours, la gauche ne peut gagner la prochaine présidentielle et obtenir plus de 50 % des exprimés, qu'en tenant compte de l'ensemble de ces réalités électorales : certes, le PS est nettement dominant au sein de la gauche traditionnelle, mais lors de seconds tours, il doit rassembler, en plus de la gauche traditionnelle, toute la gauche et arrimer en même temps une partie importante du centre. Cette équation est tout sauf un programme ou un projet politique, elle est à prendre en compte car elle révèle aussi les évolutions des Français, de leurs vies, de leurs opinions et de leurs votes. En un mot de leur liberté d'électeur.

La gauche en quête d'identité – Je pense, comme Alain Touraine, que la question des alliances découle de la redéfinition d'une force socialiste attractive. Néanmoins, cet état des lieux pose tout de suite une question : notre objectif est-il de faire venir à nous, en plus de nos 20 à 25 %, des électeurs qui votent aujourd'hui pour les Verts, le PCF, l'extrême gauche ou le Modem, afin d'atteindre 40 % ? Un Parti socialiste attractif et ambitieux peut et doit progresser au-delà des 20-25 % que j'évoquais. Mais jamais dans notre histoire un candidat socialiste ou le PS n'ont obtenu plus de 35 % au premier tour d'une élection décisive (c'est le score obtenu par François Mitterrand au premier tour de la présidentielle de 1988). J'ajoute qu'à cette époque François Mitterrand s'est bien gardé d'attaquer le candidat du centre, Raymond Barre. Bien au contraire, François Mitterrand a fait campagne au second tour sur le thème de « l'État impartial ».

Il existe donc une irréductible pluralité de la gauche, dont le Parti socialiste se doit d'être le fédérateur. Une fois cette gauche rassemblée, une ouverture vers d'autres mouvements est possible. Je suis convaincue que seul un Parti socialiste fort, reconstruit, sûr de ses valeurs claires, pourra ensuite – et j'insiste : ensuite – envisager les alliances adéquates pour rassembler une majorité de Français autour de son projet. D'ailleurs c'est ce qui fut fait au second tour de la présidentielle : rassembler toute la gauche puis tendre la main sur la base d'un projet aux électeurs démocrates du centre.

Cette description arithmétique n'est toutefois que la face visible et chiffrée d'une dynamique bien plus complexe et profonde qui correspond, je crois, à une quête d'identité politique des électeurs de gauche. Nous ne sommes plus dans une société où l'appartenance sociale détermine automatiquement le vote. Tout ce que nous disons parfois avec des nuances ou des divergences avec Alain Touraine depuis le début de ce livre le montre. Vote ou abstention, changement de « camp » d'une élection à l'autre, hésitation entre plusieurs candidats au cours d'une campagne : les électeurs ont désormais acquis une autonomie et une liberté de pensée qui n'est que la conséquence du processus d'individualisation que nous avons longuement détaillé dès l'ouverture de ce livre. Les identités politiques ne sont plus figées. Elles se reconstruisent à chaque élection, en fonction des contextes sociaux et médiatiques, des enjeux, des candidats eux-mêmes.

Les électeurs de gauche sont particulièrement exposés à cette quête d'identité. Pourquoi ? Parce que, en dépit d'un attachement à des valeurs et à des convictions, l'identité de gauche ne va plus de soi. Ce livre en témoigne : nous ne parlons que de ce sujet depuis notre première rencontre. Parce que le monde dans lequel nous vivons a changé, « être de gauche » n'a plus la même traduction systématique. En fonction de messages, en fonction des périodes, le même électeur sera séduit par Olivier Besancenot en 2002, par François Bayrou en 2007, après avoir voté en faveur d'une liste socialiste aux régionales de 2004 pour sanctionner le gouvernement de Jean-Pierre Raffarin, et sans qu'on puisse déduire à coup sûr de ce parcours électoral s'il a voté oui ou non au référendum sur la Constitution européenne en 2005...

Les messages que les électeurs envoient en votant n'ont pas toujours un contenu idéologique construit. Je doute que ceux qui votent pour l'extrême gauche soient tous des trotskistes convaincus. Ils expriment en revanche une colère et une demande de radicalité évidente. Je ne suis pas sûre que tous les électeurs de François Bayrou en 2007 aient tous été des démocrates chrétiens convaincus, mais ils ont dit leur volonté de sortir d'une logique de « bloc contre bloc ». La volatilité de ces votes indique que les choses ne sont pas figées : les électeurs bougent et ne s'arrêteront pas de bouger.

Nous sommes à la fin d'un cycle politique. Celui qui a été ouvert au Congrès d'Epinay doit se clore maintenant pour en commencer un nouveau. L'Union de la gauche de François Mitterrand, telle qu'elle a été conçue dans les années 70, puis la gauche plurielle de Lionel Jospin servent de socle

286

mais ne suffisent plus. Le Parti socialiste est bien à la croisée des chemins.

Les défis du PS – Je partage deux des constats établis par Alain Touraine. Oui, nous sommes collectivement responsables de cette « perte de contact avec tous les secteurs de la vie sociale ». Oui, « Le PS perd peu à peu de sa force de mobilisation ». Le constat n'est pas qu'électoral, même si les élections municipales ont été encourageantes, il est intellectuel et social. Le Parti socialiste n'est pas suffisamment au cœur des mobilisations sociales ni des débats intellectuels. Nous sommes peu présents dans les mouvements sociaux et n'avons pas d'échange avec eux. Cet écueil tient à notre façon de faire de la politique. Le PS est un point de rencontre entre des électeurs d'origines très diverses, mais il n'est pas pour autant un lieu de convergence durable ouvert à la société.

Plusieurs raisons expliquent cette faiblesse. La première, la plus souvent invoquée, relève de la sociologie et de la démographie des adhérents du parti. Il nous manque en effet des femmes, des jeunes, des employés et des ouvriers et cette France métissée qui est venue massivement voter pour nous. Cela est vrai. Pourtant, les candidats PS aux municipales, ont montré qu'ils savaient accueillir sur leurs listes des employés, des ouvriers, des syndicalistes, des responsables de la vie associative et de la vie économique, ou des jeunes de toutes origines, des artisans ou des agriculteurs. Bref tous ceux qui font la France. Ils savent aussi être à l'écoute. La démocratie participative est présente dans presque tous les projets des candidats socialistes. Le Parti socialiste a donc su irriguer la France par ses élus. Nous devons en retour apprendre, en repensant notre organisation, à enrichir davantage notre projet national par les actions, les innovations, les réussites de ces élus qui nous valent l'estime des Français et traduisent notre capacité d'innovation politique.

Le paradoxe réside donc dans cette difficulté du Parti socialiste, en tant que structure militante, à accueillir en son sein ceux que ses élus parviennent parfois à impliquer localement. Cette faiblesse est d'autant plus criante aujourd'hui que nous n'avons pas su garder une partie importante des adhérents venus nous rejoindre en 2006-2007, qui ont tant diversifié la sociologie de notre parti. Nous n'avons pas su, ou nous n'avons pas voulu les garder, ces militants différents qui venaient troubler les équilibres installés depuis des années... Des responsables d'un parti politique qui en viennent à critiquer les militants récemment attirés par le mouvement, n'est-ce pas là le risque d'un parti en déclin?

Autre raison avancée pour expliquer le repli du PS sur lui-même : il serait un parti de pouvoir qui s'est coulé dans les institutions de la Ve République. Depuis 1981, sur les vingt-sept dernières années, le PS a été quinze ans au pouvoir, soit un peu plus de la moitié de cette période. L'exercice du pouvoir ne facilite pas toujours le débat et l'ouverture sur la société... A tort. Car, à force de ne pas débattre et de se couper de la société, on finit par perdre les élections, même avec un bilan honorable.

Voilà d'ailleurs une raison supplémentaire de mettre en place une démocratie plus directe, d'associer activement les citoyens à la pratique gouvernementale et pas seulement à la préparation des programmes électoraux.

Faire du Parti socialiste le parti de toute la société – Faire du Parti socialiste un parti d'avenir, c'est se fixer aujourd'hui trois obligations : ouvrir le PS à de nouveaux militants et de nouvelles formes de militantisme ; définir les lignes de force d'un projet socialiste pour les quatre prochaines années ; rassembler les militants et les cadres dans un parti uni, propice au travail collectif et à la préparation de victoires électorales nationales. Ce dernier point est essentiel ; il sera réalisé en fonction de la dynamique politique et personnelle d'un leader qui facilite le mouvement et fasse barrage à la politique de la droite.

Mais c'est surtout le renouvellement des formes de militantisme que nous devons réussir : réseaux d'entraide, associations, place des militants et sympathisants, forums, etc. L'ambition du PS c'est de proposer un avenir prometteur, de refuser la fatalité, de considérer que des choix sont toujours possibles, et d'en convaincre les citoyens, réussissant, par un rapport de forces, à mettre l'économie au service de l'homme, travaillant sans relâche à comprendre la société pour la rendre plus humaine, en conjuguant l'individuel et l'intérêt général. En un mot, incarner l'espoir de changement.

EST-IL TROP TARD ?

Alain Touraine

Ces analyses doivent être mises en perspective. De deux manières complémentaires. En *premier* lieu il faut comprendre l'attachement des Français au discours et à l'univers politique dans lesquels ils ont vécu. On a beaucoup parlé depuis plusieurs années de dépolitisation, mais la récente élection présidentielle a soulevé de grandes passions et un taux élevé de participation. En *second* lieu il faut rappeler aux Français qu'ils vivent dans une situation internationale où les centres se déplacent, où de nouvelles grandes puissances apparaissent, où les Français, comme beaucoup de leurs voisins, se sentent de moins en moins maîtres de leur avenir et tendent à se replier sur eux-mêmes.

La crise du politique – La première question a été étudiée depuis longtemps et la conclusion des spécialistes est que les Français se sentent de plus en plus *éloignés* d'une vie politique qui n'apporte aucune réponse à leurs problèmes et emploie des mots creux et des analyses périmées de la vie sociale. Leur forte participation pendant la campagne électorale, la passion soulevée par Ségolène Royal et la forte mobilisation autour de Nicolas Sarkozy, démontrent *l'intensité de la demande de changement* de la vie politique. A gauche, déçue, l'opinion est revenue depuis les élections à sa curiosité sans passion pour ce qui concerne les affaires intérieures du PS. Cette conclusion est plus prudente que celle, plus pessimiste, qui ne voit chez les Français et leurs voisins aucun intérêt pour l'avenir. « No future », disent les plus radicaux, tandis que les plus modérés se rendent compte que pour la première fois la nouvelle génération s'attend à vivre moins bien que celle de ses parents.

La faiblesse de ces interprétations est qu'elles ne prennent pas en compte le rôle le plus important du *système politique*, *médiation* indispensable entre l'expérience de chacun et la représentation de l'avenir collectif. Que nous vivions dans une société de spectacle et de *people*, de jeux et de chansons exotiques n'implique d'aucune manière que nous nous désintéressions de nos affaires communes, que

292

nous soyons dépolitisés. Certains pensent que le monde se rationalise et se sécularise, que les dieux et les démons ont disparu et que l'histoire n'est plus tragique. Le calcul a remplacé la croyance et seules les forces impersonnelles du marché ou de la guerre décident de notre avenir. Mais tout ce que j'ai dit dans ce texte et dans d'autres contredit cette interprétation. *Nous ne vivons pas dans un monde réduit à l'instrumentalité*; les croyances n'ont pas disparu : nous souffrons de voir les mauvaises conditions de vie de beaucoup d'êtres humains; nous sommes horrifiés par la mort des réfugiés dans les camps et par l'assassinat des membres de beaucoup de minorités ou par l'arbitraire des régimes autocratiques. Nous croyons aussi au bonheur de la rencontre et de la fidélité. Nos émotions sont constamment éveillées et même nous nous sentons de plus en plus concernés par ce qui se passe dans le monde entier, même si nous tardons trop à nous sentir responsables ou coupables. Mais quand le système politique est comme *un rideau baissé qui nous sépare de la réalité* du monde, comment pourrions-nous situer plus activement nos problèmes dans l'ensemble de ceux du monde ? Ne cherchons pas à un niveau planétaire les raisons d'une indifférence souvent choquante; c'est l'absence de médiation et d'expression politiques qui nous enferme dans des réactions élémentaires et sans effets actifs.

Les intellectuels dans le vide – A mesure que nous nous éloignons de notre passé récent nous voyons plus nettement ce qu'il a eu d'étrange. La France, et peut-être l'ensemble des pays européens, n'ont pas voulu se penser eux-mêmes. Au contraire, avant cette période de vide, la société industrielle à toutes ses étapes s'était fortement pensée elle-même ; elle avait compris ses aspects les plus positifs et surtout elle avait compris l'importance centrale des problèmes du travail, de la production et des conflits sociaux dans les usines et les chantiers.

La division de l'Europe en deux après la fin de la Seconde Guerre mondiale nous a privés d'imagination et de volonté de changement, comme s'il fallait payer ce prix pour garder une liberté politique à laquelle l'immense majorité d'entre nous tenions par-dessus tout. La lutte des deux camps a eu des effets politiques directs en France ou en Italie en donnant une force de pression considérable au Parti communiste, mais elle a surtout eu des effets intellectuels. L'Occident, dominé par les États-Unis, n'a laissé presque aucune place aux intellectuels libéraux, dont on disait qu'ils dépendaient des États-Unis et qu'ils les servaient. Au contraire le débordement des Partis communistes s'est fait sur leur gauche, par la violence révolutionnaire en Italie pendant les « années de plomb », depuis la crise du syndicalisme jusqu'à l'assassinat d'Aldo Moro et par le refus d'intellectuels communistes français d'accepter la dépendance de leur Parti à l'égard de l'Union soviétique. Emportés par cette volonté presque fondamentaliste de rupture, de bons intellectuels ont été jusqu'à exalter la « démocratie » créée par Mao Tsé-toung et Michel Foucault lui-même partit à Téhéran pour acclamer Khomeyni, avant de se rendre compte de son erreur. Pour plusieurs générations la plus grande figure restera à jamais celle de Che Guevara, moins à cause de sa participation éminente à la guérilla cubaine et pas du tout à cause de son penchant pour le modèle chinois, mais à cause de son sacrifice pour une révolution impossible. On comprend que des intellectuels et beaucoup d'hommes de toutes professions soient restés membres du Parti communiste après la guerre, souvent parce qu'ils avaient combattu avec des communistes dans la Résistance. Mais comment ont-ils pu rester au Parti communiste après 1953 et 1956, après la révélation des crimes de Staline et après la révolution hongroise ?

Tel fut le champ historique dans lequel se développa une vie intellectuelle qui, ayant rejeté presque unanimement le système soviétique, voulait se délivrer de sa dépendance à l'égard des États-Unis, pays conservateur et même agressif, au Vietnam comme dans les ghettos noirs. La pensée qui dominait la gauche ne se réorganisa pas autour de l'analyse des grandes transformations de la société et en particulier de l'économie. Cette pensée ignora la naissance de la société post-industrielle, l'internationalisation de la production et des échanges, la multiplication des réseaux de communication et des médias. Elle n'a pas non plus compris la renaissance de l'individualisme et a mal interprété l'apparition de nouvelles catégories de faits religieux. Le monde intellectuel, de plus en plus dominé par l'esprit philosophique, a jugé avec mépris la sociologie, tout juste bonne à faire des enquêtes. Et presque autant les économistes, qui lui semblaient réduire la vie humaine à des budgets. Il était donc tentant de dire que l'histoire était finie, qu'il n'y a rien entre les calculs et la guerre ou entre le sexe et la religion. Jugement tranchant qui a acquis à Michel Houellebecq un vaste public, ce qui est positif dans la mesure où il fallait au moins faire apparaître le vide de l'espace qu'on appelait autrefois social. Mais l'incompréhension, le remplacement de la connaissance par l'idéologie, le refus de prendre au sérieux les résultats obtenus par les sciences sociales ont une fin; la réalité se venge. On voit alors des monstres se lever de tous côtés, en face desquels on se sent impuissant. Ce qui ajoute à la confusion et ajoute de nouvelles erreurs aux anciennes.

Il a fallu beaucoup d'années et les efforts acharnés de leaders d'opinion comme Jean Daniel pour sauver Albert Camus de la condamnation portée contre lui par Jean-Paul Sartre et acceptée dévotement par tant d'intellectuels. Il est consternant de constater que la France a rejeté le concept de totalitarisme élaboré surtout par Hannah Arendt pour ne pas condamner le Parti communiste qui fut au contraire l'objet d'un culte lancé par ceux qui opposaient à ce concept, pourtant indispensable, la notion d'antifascisme, créée à sa mesure et dans son intérêt. Presque seul, Claude Lefort démontra l'importance du concept de totalitarisme.

Beaucoup plus largement, toutes les pensées qui s'éloignaient d'un déterminisme économique, religieux ou autre ont été considérés comme archaïques ou réactionnaires. En France, c'est la publication, avec un immense succès, de Soljenitsyne et au même moment le rejet du Parti communiste portugais après la Révolution des œillets qui ont brisé le mur de silence et ont fait reculer le discours de mauvaise foi qui recouvrait la vie politique et intellectuelle française.

La force de l'emprise de ce que j'ai appelé le *Discours Interprétatif Dominant*, créé par des intellectuels eux-mêmes et non par des agents des milieux économiques et politiques dominants, explique la désorientation et souvent même l'écroulement d'un univers idéologique ou un anti-américanisme extrême qui débordait de loin les critiques justifiées portées contre les actes de répression et de conquête commis par le gouvernement américain. La confusion a régné partout, tandis que beaucoup de faux prophètes intellectuels gardaient une influence qui aurait dû depuis longtemps être révisée à la baisse.

Il n'est plus possible de limiter les changements à accomplir à un simple renouvellement des dirigeants politiques ou à une nouvelle révision des programmes scolaires. Il n'est pas davantage possible de comprendre et de résoudre les problèmes actuels en s'enfermant dans un cadre national, alors que s'intensifient et s'élargissent les échanges internationaux dans tous les domaines.

Je critique moins le monde politique, ses faiblesses et ses aveuglements que le sectarisme et la prétention de ceux qui ont interdit l'entrée dans le domaine intellectuel de tant d'idées nouvelles ou en ont limité la diffusion.

Ce sont toujours les idées qui jouent le rôle principal dans la vie sociale et politique, même quand le pouvoir intellectuel est tombé aux mains de petits maîtres le plus souvent obscurs mais influents, dans l'Université comme dans les médias. Il est grand temps de se libérer de l'influence de tous ceux qui ont condamné tant d'idées nouvelles au nom du marxisme, de la défense de l'identité française ou d'un rationalisme réduit à ses expressions les plus doctrinaires.

Le glissement vers l'Est – Ce qui inquiète davantage est que ce vide relatif de notre vie politique se

produit dans un monde où existent de fortes mobilisations qui peuvent faire disparaître notre espace
politique, culturel et social. Nous savons depuis la
Première Guerre mondiale que notre civilisation
n'est pas éternelle et qu'elle n'est pas la seule
possible. Ce sont des intellectuels de formation
occidentale qui se sont transformés sur tous les
continents en commissaires politiques ou en prédi-
cateurs lançant des *fatwas* chargées de mort. Beaucoup d'économistes et de politologues croyaient, il
y a un demi-siècle, que le progrès économique
entraînerait tôt ou tard la libération des idées, des
mœurs et des institutions. Il était déjà difficile à un
européen de soutenir une telle thèse, après ce qui
s'était passé en Allemagne, pays hautement avancé
et qui avait basculé dans la sauvagerie nazie; mais
de telles idéologies ne peuvent plus être défendues
nulle part. Le très fort taux de croissance de la
Chine *n'en fait pas* un pays en voie de démocratisation et le redressement économique de la Russie,
faisant suite à l'appauvrissement où était tombé ce
pays après la chute du système soviétique, a été de
pair avec la montée du pouvoir du nouveau tsar
Poutine. Qui oserait nous assurer que la Chine, dont
les progrès économiques sont impressionnants, ne
cherchera pas à imposer son mélange de capitalisme d'État et de régime totalitaire au monde
entier ou à une grande partie de la planète ? Nous
sommes si conscients de la fragilité de nos démocraties, qui ont été si souvent écrasées par des

régimes totalitaires et autoritaires, que nous ne croyons plus que la démocratisation soit toujours au bout de la croissance économique. La naïveté des économistes libéraux du développement a été remplacée par la fureur des « néo-cons », engendrée par la conscience de la puissance de nos ennemis. Aux États-Unis les néo-conservateurs républicains ne sont pas les seuls à considérer leur pays comme le défenseur de la civilisation que beaucoup identifient à l'héritage de la pensée chrétienne.

Pour échapper à cet esprit de réaction il faut adopter deux idées différentes. La *première* est de reconnaître dans toutes les civilisations, même là où le pouvoir est aux mains de régimes autoritaires, la présence de projets, officiels ou clandestins, qui découvrent les voies *multiples* par lesquelles la modernité, à travers diverses figures, cherche à parvenir à la lumière. Il ne faut jamais identifier la modernité avec un seul type de société, pas plus qu'il ne faut tomber dans le relativisme culturel. La *seconde* idée est la volonté de nous porter toujours en avant dans la vie économique et technologique, de manière à garder ou reconquérir notre indépendance. Beaucoup de pays, surtout en Asie, ont compris la nécessité de développer rapidement des technologies nouvelles ; il serait dangereux pour les Européens et même les Nord-Américains de se reposer sur l'avance qu'ils ont conquise pendant les derniers siècles. Et on doit s'inquiéter du recul de l'intérêt pour les disciplines scientifiques dans la jeunesse de pays qui comptent de plus en plus sur les scientifiques venus d'autres pays, tandis qu'eux-mêmes s'intéressent aux sujets les plus éloignés du fonctionnement des sociétés industrielles.

Nous avons besoin d'une réponse active aux nouvelles concurrences. Cela ne consiste pas à rejeter comme inférieures les autres cultures et à créer un nouveau colonialisme mais pas davantage à nous reposer sur notre avance passée. Nous devons prendre pleinement conscience de la nécessité du travail et de la connaissance. Ce qui est de moins en moins le cas aujourd'hui.

Le vrai choix n'est pas entre agir et ne pas agir ; il est dans le rejet des conduites défensives, qui ont déjà montré qu'elles conduisent facilement à des campagnes de discrimination et de ségrégation. Nous avons une nécessité pressante de travailler, d'inventer, d'imaginer. Cette réponse positive, active, n'est pas facile à élaborer mais il est nécessaire de la chercher ; faute de quoi nous nous laisserons pourrir par une *caricature* d'individualisme, une économie sans finalité sociale, l'indifférence à l'égard des plus pauvres. La base la plus solide d'une société aujourd'hui est la *conscience de soi-même*, la volonté de participer à des échanges libres entre égaux, et à la lutte contre les inégalités extrêmes.

Ce langage me surprend moi-même, tant il est éloigné du discours *républicain* que la plupart de nous avons accepté, même quand nous le criti-

301

quions. Mais il faut résister au conservatisme idéologique, avant tout parce que le monde change et s'éloigne d'un rationalisme avide de conquérir le monde, à la pointe des épées, des capitaux et des lois. Aujourd'hui au contraire nous en appelons au *sujet personnel,* à sa liberté, à ses droits et à sa responsabilité, contre les forces déchaînées du profit de la guerre et du fanatisme. C'est seulement cette exigence des droits de l'homme qui offre une base sur laquelle peut se former une nouvelle conception de la vie sociale fondée sur le respect des droits de tous et sur notre conviction que c'est la liberté de chacun qui crée une meilleure vie pour tous.

Nous essayons de remplir le vide qui s'est créé entre la vie sociale et l'action politique. Mais pour y parvenir il faut d'abord réagir contre l'arrêt de la pensée, l'interdiction de discuter, le refus de l'autre. Le but principal de cet écrit est de convaincre chacun d'entre nous que la liberté et la justice sont beaucoup moins le produit des affrontements et des réformes que de la force avec laquelle nous réclamons des droits pour nous-mêmes et pour tous ceux qui en sont privés.

LE SOCIALISME EST CAPABLE D'ÊTRE UNE IDÉE NEUVE AU XXIᵉ SIÈCLE

Ségolène Royal

Le devoir de dépassement – Je suis convaincue, comme vous, Alain Touraine, que les Français expriment aujourd'hui une intense « demande de changement de la vie politique », qui nous place face à « une nécessité pressante de travailler, d'inventer, d'imaginer ». Il est temps pour la gauche de dépasser des clivages qui l'engluent dans la tétanie intellectuelle, la faiblesse politique et l'échec électoral. Pour ou contre la mondialisation ? Réalisme économique ou justice sociale ? Prévention ou répression ? J'en oublie. Ce n'est pas par un équilibre savamment dosé entre tous ces contraires que la gauche sortira de ces impasses qui sont parfois de faux débats. C'est par l'innovation et la conviction politiques. Cela demande de nous une attitude franche et exemplaire : nous devons respecter nos militants et leur demander de choisir, par le vote, des lignes politiques claires. Nous devons par conséquent rétablir dans ce parti les conditions de débat respectueux de chacun, ces échanges féconds qui rassemblent en définitive bien mieux que l'hypocrisie et les faux-fuyants.

Je veux une vision de gauche pour la société d'aujourd'hui et le monde, tel qu'il est. Je veux une gauche sûre de ses valeurs et sans concession face aux réalités. Regarder les réalités avec courage, ce n'est pas s'y résigner avec fatalisme. Je ne confonds pas réalisme et fatalisme. Ma gauche est celle qui affronte les réalités, qui ne se résigne pas, même lorsque ces réalités sont désagréables et surtout lorsqu'elles sont difficiles. Je ne veux pas d'une gauche qui, sous couvert de réalisme, renoncerait de fait à corriger un certain nombre d'inégalités et d'injustices, notamment celles produites par le libéralisme économique. Plutôt que de ce réalisme galvaudé, ce dont le socialisme a impérativement besoin, aujourd'hui plus que jamais, c'est d'une lucidité radicale.

Je veux une gauche qui aille jusqu'au bout de ses intentions et de ses convictions. Je ne veux pas d'une gauche qui se contente de proclamer des grands principes, je veux une gauche qui se préoccupe aussi de leur application. Je ne veux pas d'une gauche de l'euphémisme. Or, il n'y a pas un terrain de gauche et un terrain de droite, des problèmes de gauche et des problèmes de droite. Il y a un seul terrain : celui des problèmes de la France et des Français, que nous devons enfin affronter avec lucidité et radicalité. Ces problèmes, nous les connaissons tous : le chômage et la précarité, le déclin du pouvoir d'achat, le démantèlement de la protection sociale, les inégalités Nord-Sud, le désordre scolaire, la violence et même la dette publique, le réchauffement planétaire. Sur chacun de ces enjeux, la gauche doit avoir des idées fortes à défendre, des idées alternatives à celles de la droite. La gauche ne peut pas seulement « gérer » les affaires publiques, comme elle sait désormais si bien le faire – elle a le devoir de changer le cours de choses. On peut se contenter de gérer tant que tout va à peu près bien, mais les Français sont aujourd'hui soumis à trop de désordres injustes et de problèmes graves pour que l'on accepte cette posture minimaliste et que l'on renonce à la radicalité politique. Nous, socialistes, avons plus que jamais le devoir de ne pas nous résigner.

Le socialisme, une idée neuve – Nous résigner, comment le pourrions-nous, face au monde tel qu'il va ? Chaque jour, il semble plus violent, plus inégalitaire, plus risqué, plus contradictoire. La production de richesse est là et pourtant les destins sociaux n'ont jamais semblé aussi scellés et rigides. Les individualités n'ont de cesse de vouloir s'exprimer, et pourtant le besoin de règles collectives n'a jamais été aussi intense. Les énergies doivent être libérées, mais pas au prix d'un démantèlement des protections et des sécurités sociales. Notre maîtrise technologique n'a jamais été aussi forte, et pourtant nous n'avons jamais été aussi fragiles face aux désordres climatiques et environnementaux que nous provoquons. Ce monde qui advient, nous ne pouvons pas l'affronter avec un Parti qui repousserait son rendez-vous avec l'Histoire et céderait à la tentation d'un ajustement superficiel.

Nous n'avons pas le droit, par « réalisme » ou au nom d'un tournant « social-libéral », de renoncer à combattre ces inégalités et ces désordres chaque jour grandissants. Si être socialiste, c'est d'abord et avant tout vouloir la justice, combattre les inégalités de toutes sortes, alors il n'y a peut-être jamais eu autant de raisons d'être socialiste qu'aujourd'hui ! Oui, il est encore possible de réduire les inégalités dans notre pays ! Et cela lui serait même nettement profitable. D'abord parce que la lutte contre les inégalités est porteuse d'une véritable ambition et d'un projet social pour tous les Français. Elle ne se réduit pas à la lutte contre les exclusions, mais est plus largement une lutte contre toutes les formes de déclassement social qui menacent aujourd'hui les Français. Ensuite, parce que la lutte contre les inégalités n'est pas un obstacle à la création de richesse, comme on le dit trop souvent, mais un indéniable facteur de croissance pour notre pays. Elle motive au travail, elle ouvre des perspectives, elle réduit la violence, elle permet de rebondir et de progresser. Enfin, parce que la lutte contre les inégalités n'est pas une remise en cause du droit à la réussite individuelle, bien au contraire : c'est un combat pour l'égal accès de chacun à cette réussite.

Mais la question en fin de compte reste : qu'entend-on par « réussite » ? Certains, aujourd'hui, ont le pouvoir de s'inventer un futur et de le réaliser, d'autres sont condamnés à rêver du futur qu'ils pourraient éventuellement réaliser et puis, enfin, il y a ceux qui ne songent même pas à s'inventer un futur parce que leur principale préoccupation est de vivre et parfois même de survivre. La justice, pour les socialistes, cela consiste à donner à chacun les moyens de se construire un avenir, d'avancer dans sa vie et de réaliser ses ambitions, quelles qu'elles soient. La droite nous propose une société où « chacun puisse devenir riche, grâce à ses efforts et à son travail ». Je veux bien du mérite, mais je ne veux pas qu'on laisse tomber les perdants. Je ne veux pas d'une société qui trie les individus entre méritants et non méritants, surtout avec un capitalisme qui ne récompense que le plus rentable à court terme, ce qui est une conception fort étroite du mérite ! Je veux un pays où l'effort et le mérite, non les privilèges et les origines sociales, déterminent la réussite. Je ne veux pas d'une société où la compétition individuelle est la seule règle ; je veux une société où la négociation et la reconnaissance mutuelle sont aussi des règles essentielles.

L'opposition entre l'individu et la collectivité, la logique individuelle et les besoins collectifs, est une fausse opposition. C'est dans un collectif que l'individu se construit et s'exprime le mieux, parce que c'est le regard des autres qui donne la reconnaissance. Et le collectif, en retour, se nourrit de la diversité des individus, pas de leur uniformité. Je veux une société où les individus se sentent solidaires parce qu'utiles et nécessaires les uns aux autres. Je veux une gauche qui permette à chaque individu d'être acteur de sa propre vie et de la société. Beaucoup reste à faire pour y parvenir. Je veux un Parti socialiste qui joue un rôle central dans cette entreprise collective, dans cette page à écrire de l'histoire sociale et politique du XXIᵉ siècle. Je veux donc un PS qui contribue largement, par son ouverture et son dynamisme, à faire advenir une telle société. Tel est son rôle historique. Tel est son devoir. Tel est son avenir.

En 2008 que signifie être de gauche ?

Être de gauche en 2008, c'est refuser l'assistanat qui humilie et considérer que le pouvoir de maîtriser sa vie ne doit pas être le privilège de quelques-uns mais un droit garanti à chacun. Faire de l'excellence environnementale, de l'égalité des hommes et des femmes, de la diversité française autant de chances pour notre pays. Vouloir, ici et maintenant, une puissance publique qui assume ses responsabilités et réponde concrètement aux préoccupations des Français. Faire le pari raisonné que l'avenir peut être civilisé.

Ne pas se résigner au désordre des choses et vivre avec son temps ! Ne pas accepter que les hasards de la naissance décident de toute une vie. Ne pas croire que le marché et la recherche du profit maximal doivent dicter leur loi brutale à la politique et aux sociétés, celles du Nord comme celles du Sud. Garder une capacité de révolte intacte contre les injustices qui ne sont pas des fatalités naturelles mais les fruits amers de désordres économiques et sociaux que l'on doit corriger. Prendre la mesure de ce qui change pour mieux traduire en actes ces valeurs de fraternité, d'égalité et de justice sociale qui sont la raison d'être de la gauche.

Être de gauche en 2008, c'est ne pas se laisser emprisonner dans de fausses oppositions qui paralysent la pensée et l'action. Par exemple : faut-il se battre dans la mondialisation ou s'en protéger ? Les deux, évidemment ! La France doit tirer parti des occasions de la mondialisation et se défendre contre ses effets négatifs. Ou encore : faut-il des entreprises réactives ou des salariés sécurisés ? Les deux, évidemment. Il faut même comprendre que les entreprises seront d'autant plus réactives que les parcours professionnels des salariés seront correctement sécurisés. Faut-il des entreprises fortes ou

309

un syndicalisme puissant? Les deux car un syndicalisme fort est reconnu comme un vrai partenaire
qui, au bout du compte, renforce les entreprises
alors que les conflits les affaiblissent. Faut-il plutôt
prévenir ou plutôt réprimer les violences? Il faut
être ferme avec la délinquance et ferme avec les
causes de la délinquance. Ni laxisme ni tout-
répressif. Faut-il protéger les locataires ou sécuriser
les propriétaires? Il faut chercher les points de
convergence dans l'intérêt bien compris des deux
parties : c'est le but, par exemple, du service
public de la caution que je veux mettre en place
ou de l'attribution d'avantages fiscaux aux seuls
propriétaires qui s'engagent à modérer les loyers. Je
pourrais allonger la liste à l'infini car on trouve,
dans tous les domaines, ces face-à-face stériles
qu'une approche de gauche doit savoir dépasser en
leur substituant ce que j'appelle des cercles vertueux.

Je suis née dans un milieu plutôt de droite où l'on
avait de solides vertus, à commencer par le sens de
l'honneur, de l'effort et de l'honnêteté. Je ne suis
donc pas portée à la caricature. Mais je connais bien
les conformismes qui empêchent d'aller de l'avant et
font consentir à l'injustice. C'est avec ce fatalisme
que, très jeune, je me suis efforcée de rompre. Et
c'est à gauche que j'ai trouvé ce désir d'émancipation et de fraternité auquel la France doit les plus
belles pages de son histoire.

Alain Touraine

J'ai pris l'initiative de dresser un tableau de notre société et de demander à une dirigeante politique ce qu'un tel tableau devrait entraîner comme changements dans la vie politique. Je laisse donc à Ségolène Royal le dernier mot dans cet échange.

Je tiens à dire seulement que notre pensée doit opérer un véritable retournement. Ce qui commande nos conduites ce n'est pas notre place dans la vie économique et politique; c'est notre rapport à nous-mêmes, notre volonté d'exister dans un monde qui n'est plus contrôlé, régulé par personne. Dans ce monde où le marché et la guerre sont deux pôles entre lesquels ne semble exister que le marais d'une consommation orientée par une publicité massive, on ne trouve pas que des vagues d'irrationalisme ou des peurs de l'étranger. On trouve aussi une conscience de la liberté, de la justice, de la solidarité qui ne passe souvent par aucun appareil mais qui a une grande intensité affective. Le mou-

311

vement écologiste, les nouvelles formes du mouvement des femmes, les campagnes humanitaires
sont nourris par cette conscience moins organisée
mais plus réfléchie des problèmes de la vie de
chacun et de tous. Si l'individualisme ne signifiait
rien de plus que : chacun pour soi, il ne serait
qu'une invention publicitaire. Mais rien ne permet
de porter un jugement aussi cynique. Le rapport à
soi-même englobe le rapport à l'autre, aux autres,
au monde. Ce qui est nouveau, aujourd'hui plus
clairement et directement qu'hier, est une volonté
de libération responsable, inséparable de la volonté
que tous les êtres humains soient respectés, ne
soient pas humiliés, et qu'ils reçoivent ou conquiè-
rent les moyens de vivre une vie qui soit leur vie.

L'abolition de la peine de mort a été et demeure
le signal le plus fort de ce renversement de perspective. Surtout lorsqu'elle est décidée face à un
accusé coupable d'actes horribles, non pas pour
éviter une erreur judiciaire mais pour reconnaître,
comme l'a fait avec tant de grandeur Robert Badin-
ter, que la société n'est pas maîtresse de la vie et de
la mort de ses membres. C'est le même message
que celui de la Déclaration des droits de l'homme
et du citoyen de 1789 : la société n'est pas le pouvoir absolu ou le recours suprême. Elle est au
service des droits humains fondamentaux ; elle doit
reconnaître les limites de son pouvoir.

Beaucoup interprètent cette crise de la vision
rationaliste du progrès d'une manière bien diffé-

rente. Ils y voient le retour du religieux, de la communauté, d'une vision de l'univers dans laquelle l'homme doit se dégager de son moi, de ses intérêts et de ses passions, pour retrouver le sens de l'éternel. Quelques-uns vont même jusqu'à annoncer et applaudir le retour de l'irrationnel, ce qui embarrasse les penseurs chrétiens qui ont insisté si constamment sur l'union de la foi et de la raison.

Tout cela tourne le dos à la réalité. Si les religions ou les pensées de l'au-delà ont plus de force aujourd'hui c'est dans la mesure où elles sont de plus en plus clairement des figures voilées du sujet humain, mais projetées hors d'un monde humain qui n'avait pas encore l'expérience de sa puissance. Les institutions religieuses sont souvent en déclin mais l'inspiration religieuse, comme la réflexion philosophique et le savoir créé par les sciences sociales, nous renvoient à un au-delà du social qui n'est pas une structure plus profonde et plus permanente du réel mais au contraire l'existence d'une action de plus en plus réflexive et qui cherche à faire apparaître dans l'individu, *le sujet* qui fait de celui-ci comme tel et comme être social un être de droits et de libertés. Dans notre aire culturelle le chemin a été largement ouvert par le Sermon sur la montagne, inspirateur de l'individualisme moderne, qui part à la recherche de l'au-delà de la société, de l'économie et plus encore des communautés.

Il est plus important encore que tous ceux dont

l'objet d'étude et d'action est la vie sociale, avec ses architectures, ses flux, ses découvertes et ses affrontements, reconnaissent que ce n'est pas en montant le plus haut possible qu'on découvre le mieux le sens des situations et des conduites, même si c'est de haut qu'on aperçoit le mieux les tendances à long terme et les enjeux majeurs. C'est au contraire en tous les points et tous les moments où l'histoire d'une vie s'inscrit dans un drame ou un espoir collectif qu'on entend et qu'on voit le mieux le sens du bonheur et du malheur, de l'imagination créatrice et de la protestation révoltée. Il ne faut ni se bercer d'illusions ni ne voir partout que des victimes. Les sciences sociales doivent être la forme renouvelée du roman et du drame, qui se sont définis par la rencontre d'une histoire individuelle et d'une situation historique. Plus nous éliminerons les philosophies de l'histoire et moins nous nous laisserons envahir par les idéologies. Nous découvrirons et nous défendrons ce qui, partout et sous les formes les plus diverses, fait entendre le battement du sujet humain, engagé dans ses souffrances et ses espoirs, dans ses refus et dans ses amours.

Le même mouvement s'impose aux analystes et aux décideurs dans une société démocratique : chercher le sens des situations et des conduites au plus près des acteurs, de leurs représentations et de leur engagement.

Que demandons-nous aujourd'hui aux politiques ? La même chose qu'aux enseignants, qu'aux juges et qu'aux soignants. De ne pas se prendre pour ceux qui possèdent en propre le sens de la vie et des choses et qui fondent leur pouvoir sur cette conviction de leur supériorité. Si on définit la démocratie par le pouvoir né de la volonté générale d'un contrat social ou d'un « Covenant », alors ce sont ceux qui sont les plus proches du grand tout qui doivent guider vers lui les individus et les groupes enfermés dans leurs intérêts et leurs traditions. C'est à ce règne des prêtres, des prophètes et des meneurs qu'il faut mettre fin, car il n'a plus la capacité de mobilisation qu'on lui a reconnue pendant si longtemps.

La démocratie ne repose pas sur des institutions, des définitions du peuple et des lois qui doivent à la fois défendre l'intérêt général et protéger les individus. Ces formes positives de l'organisation politique ne sont pas la cause mais les effets de la démocratie. Celle-ci ne peut se construire que sur la reconnaissance et le respect des droits universels de chaque individu. Les institutions, quelles que soient leurs fonctions, doivent être au service de la liberté et de la dignité de chacun. Il n'y a pas de démocratie sans limitation du pouvoir, même démocratique. C'est la capacité croissante des collectivités humaines de transformer leurs conditions d'existence en résultats de leur action qui a fait émerger cette liberté indispensable aux « modernes » alors que pendant longtemps nous avons pensé que nous avions besoin d'unir nos efforts pour nous libérer

315

des contraintes que faisait peser sur nous la difficulté de gagner notre vie, d'échapper à la misère, à la violence et à l'ignorance. Il reste encore beaucoup en nous de cette mémoire des grands combats pour la survie, le bien-être et l'éducation, car ces combats ont séparé le monde du pouvoir de celui de l'expérience et de la conscience de soi.

Les forces que nous avons créées et déchaînées sont si puissantes que, si nous continuons sur notre chemin actuel, nous allons nous enfermer de plus en plus dans un conflit entre, d'une part, des réseaux de pouvoir politique et financier dont le but est le renforcement de leur propre puissance et, de l'autre côté, une vie individuelle privée de sens qui est envahie par les démons intérieurs qui détruisent le sujet humain aussi activement que les maîtres des empires.

C'est pourquoi reconnaître les différences, construire l'individuation et non plus la socialisation, détruire toutes les formes de racisme et de machisme, d'exploitation et d'exclusion des faibles, enfants, personnes dépendantes, handicapés, doivent être placés au centre de nos réflexions, de nos émotions et de nos conduites.

Il ne s'agit pas d'une rupture avec le passé et pas davantage d'abandonner tous les projets politiques, en s'en remettant aux choix des consommateurs, de plus en plus construits par les médias et les publicités. Ce qui se passe dans la famille, l'école et les relations interpersonnelles est plus fragile que le

fonctionnement des entreprises et des administra-
tions et plus encore que la gestion des nations ou
l'élaboration des idéologies et des dogmes.

Mais le primat accordé à ce qui est le plus directement lié à la construction de l'individu comme
sujet ne serait qu'un mot dont l'écho se perdrait s'il
n'était pas renforcé, défendu, formulé même par les
« pouvoirs publics », quel que soit leur statut
juridique. C'est pourquoi la communication entre
analystes et décideurs est si importante. Ils peuvent
les uns et les autres détruire les forces de subjectivation ou au contraire les renforcer et leur donner
un rôle directeur. C'est parce que les uns et les
autres nous nous sentons tellement éloignés de ce
rôle, dans des systèmes libéraux presque autant que
dans des régimes autoritaires, qu'analystes et
décideurs devons nous regarder face à face, nous
parler, nous critiquer mutuellement et retrouver le
sens de notre commune mission de dégager et
d'éclairer la construction de chacun comme *sujet*
par sa réflexion et par sa reconnaissance des autres,
considérés comme des figures différentes, mais
égales à la sienne, du sujet humain.

EPILOGUE
QU'EST-CE QU'UN PARTI ?

Ségolène Royal

Faire la société plus humaine, c'est la tâche immense des socialistes et de la gauche. Le PS est au
service de cet idéal. Et donc ne doit-il pas commencer par lui ressembler un peu ?

Qu'est-ce qu'un Parti s'il n'est pas déjà, au
moins en partie, la métaphore de cette société
meilleure à laquelle aspirent les hommes et les
femmes qui le composent et pour l'édification de
laquelle ils se sont rassemblés ?

Qu'est-ce qu'un Parti s'il n'est pas déjà bien
meilleur que la société qu'il critique et contre
laquelle il prétend lutter ?

Qu'est-ce qu'un Parti, et en quoi est-il exemplaire ce Parti, s'il n'est pas plus enthousiaste, plus
aventureux, plus audacieux, plus généreux, plus
hospitalier aux idées et aux êtres, plus sincère, et,
en son sein, plus fraternel que la société qu'il
prétend transformer ?

319

Qu'est-ce qu'un Parti où, sans que la chose soit jamais admise, une sorte de loi salique (unique en Europe) serait tacitement reconduite, et où la guerre amère de quelques hommes (et de quelques femmes) pour le seul pouvoir d'empêcher ne connaîtrait jamais de fin ni même de trêve ?

Mieux vaut une bonne querelle qu'une mauvaise synthèse qui, toujours, à plus ou moins long terme, nourrira des affrontements autrement plus diviseurs qu'un vrai débat, aussi tendu soit-il.

Il ne suffit pas de dire et de répéter à tout bout de champ que les citoyens doivent être respectés. Qui oserait ouvertement prétendre le contraire, même parmi ceux qui ne leur prêtent jamais une oreille et encore moins la parole. Non, il ne suffit pas de dire cela, ni même de penser cela. Il faut exiger que les citoyens soient, comment dire, mis dans la confidence politique.

Il faut qu'ils aient droit à tout moment à l'information pédagogique indispensable qui seule leur permettra de devenir les analystes compétents, non seulement de leurs propres situations – car de ce sujet, ils le sont déjà – mais aussi des situations nationales et internationales. Qu'ils soient capables de déchiffrer les différentes stratégies, d'en discerner les raisons obscures et inavouables et donc de les déjouer ou, au contraire, d'en apprécier le patient courage et donc de les soutenir.

Or quel meilleur outil pour accomplir cela qu'un Parti, minutieusement, scrupuleusement, précis

320

dans l'expression et intellectuellement incorruptible dans la recherche de la vérité la plus complexe ou la plus désagréable à découvrir?

Merci à Alain Touraine pour ce dialogue, ouvert à d'autres, s'il a permis d'avancer sur une conception d'un monde à humaniser. A humaniser vraiment. Vite et fort. Avant qu'il ne soit trop tard. C'est possible, j'y crois.

TABLE

2. POLITIQUE

DES MÊMES AUTEURS

Ségolène Royal :

LE PRINTEMPS DES GRANDS-PARENTS. *La nouvelle alliance des âges*, Laffont, 1987.
LE RAS-LE-BOL DES BÉBÉS ZAPPEURS, Laffont, 1989.
PAYS, PAYSANS, PAYSAGES, Laffont, 1993.
LA VÉRITÉ D'UNE FEMME, Stock, 1996.
MAINTENANT (avec Marie-Françoise Colombani), Flammarion, 2007.
LES DROITS DES ENFANTS (textes réunis par Marie-Christine George et Valérie Avena-Robardet), Dalloz, 2007.
MA PLUS BELLE HISTOIRE, C'EST VOUS, Grasset, 2007.

Alain Touraine :

PENSER AUTREMENT, Fayard, 2007
LE MONDE DES FEMMES, Fayard, 2006.
UN NOUVEAU PARADIGME, Fayard, 2005.
UN DÉBAT SUR LA LAÏCITÉ (avec A. Renaut), Stock, 2004.
LA RECHERCHE DE SOI. *Dialogue sur le sujet* (avec F. Khosro-khavar), Fayard, 2000.
COMMENT SORTIR DU LIBÉRALISME ?, Fayard, 1999.
SOCIOLOGIA, Milan, Jaca Book, 1998.
POURRONS-NOUS VIVRE ENSEMBLE ? *Égaux et différents,* Fayard, 1997.
EGUAGLIANZA E DIVERSITÀ, Laterza,Roma-Bari, 1997.
LE GRAND REFUS. *Réflexions sur la grève de décembre 1995* (avec F. Dubet, F. Khosrokhavar, D. Lapeyronnie, M. Wieviorka), Fayard, 1996.
LETTRE À LIONEL, MICHEL, JACQUES, MARTINE, BERNARD, DOMINIQUE... ET VOUS, Fayard, 1995.
QU'EST-CE QUE LA DÉMOCRATIE ?, Fayard, 1994.
CRITIQUE DE LA MODERNITÉ, Fayard, 1992.
LA PAROLE ET LE SANG, Odile Jacob, 1988.
ACTORES SOCIALES Y SISTEMAS POLITICOS EN AMERICA LATINA, Santiago, PREALC, 1987.
LE RETOUR DE L'ACTEUR, Fayard, 1984 (rééd.1989).
LE MOUVEMENT OUVRIER (avec M. Wieviorka et F. Dubet), Fayard, 1984.
SOLIDARITÉ (avec F. Dubet, J. Strzelecki, M. Wieviorka), Fayard, 1982.

LE PAYS CONTRE L'ÉTAT (avec F. Dubet, Z. Hegedus, M. Wievior-ka), Le Seuil, 1981.

L'APRÈS-SOCIALISME, Grasset, 1980.

LA PROPHÉTIE ANTINUCLÉAIRE (avec F. Dubet, Z. Hegedus, M. Wieviorka), Le Seuil, 1980.

MORT D'UNE GAUCHE, Galilée, 1979.

LUTTE ÉTUDIANTE (avec F. Dubet, Z. Hegedus, M. Wieviorka), Le Seuil, 1978.

LA VOIX ET LE REGARD, Le Seuil, 1978, et éd. rev. « Le Livre de Poche », 1993.

UN DÉSIR D'HISTOIRE, Stock, 1977.

LES SOCIÉTÉS DÉPENDANTES, Duculot, 1976.

LA SOCIÉTÉ INVISIBLE, Le Seuil, 1974.

LETTRES À UNE ÉTUDIANTE, Le Seuil, 1974 et « Point Politique », 1976.

POUR LA SOCIOLOGIE, Le Seuil, 1974.

VIE ET MORT DU CHILI POPULAIRE, Le Seuil, 1973.

PRODUCTION DE LA SOCIÉTÉ, Le Seuil, 1973, et éd. rev. « Le Livre de Poche », 1993.

UNIVERSITÉ ET SOCIÉTÉ AUX ÉTATS-UNIS, Le Seuil, 1972.

LA SOCIÉTÉ POSTINDUSTRIELLE, Denoël, 1969.

LE MOUVEMENT DE MAI OU LE COMMUNISME UTOPIQUE, Le Seuil, 1968 et « Le Livre de Poche », 1998.

LA CONSCIENCE OUVRIÈRE, Le Seuil, 1966.

SOCIOLOGIE DE L'ACTION, Le Seuil, 1965.

OUVRIERS D'ORIGINE AGRICOLE (avec O. Ragazzi), Le Seuil, 1961.

L'ÉVOLUTION DU TRAVAIL OUVRIER AUX USINES RENAULT, CNRS, 1955.

Sous la direction d'Alain Touraine :

MOUVEMENTS SOCIAUX D'AUJOURD'HUI. ACTEURS ET ANALYSTES, Éditions ouvrières, 1982.

LES TRAVAILLEURS ET LES CHANGEMENTS TECHNIQUES, OCDE, 1965.

LA CIVILISATION INDUSTRIELLE, in HISTOIRE GÉNÉRALE DU TRAVAIL, t. IV (avec B. Cazes, J. Dofny, P. Mercier, B. Mottez, J.-R. Treanton), NLF, 1961.

www.ingramcontent.com/pod-product-compliance
Lightning Source LLC
Chambersburg PA
CBHW070556270326
41926CB00013B/2334